희망을 향한
도전

희망을 향한 도전

임인배 지음

청림출판

한 그루의 나무가 모여 푸른 숲을 이루듯이
청림의 책들은 삶을 풍요롭게 합니다.

희망을 향한 도전은
언제나 아름답다

《백범일지》를 읽으며 훌륭한 정치가가 되기로 마음먹었던 열다섯 살 시절이 엊그제 같은데 벌써 강산이 네 번이나 변할 만큼 세월이 흘렀다. 지난 시간을 돌아보면 참으로 많은 일이 있었다. 좋은 일도 많았고, 힘든 일도 많았지만 그래도 웃고, 기뻐하고, 행복한 일이 더 많았던 감사한 시간들이다.

가난한 농부의 아들에서 마흔 살의 나이로 거짓말처럼 국회의원이 되었을 때 그 순간의 환희와 기쁨은 오늘날까지 힘들 때마다 내게 든든한 배짱을 선사해준다. 무엇보다 내게 꿈을 향한 도전, 희망을 향한 도전은 나를 배신하지 않는다는 강인한 믿음을 심어준 계기가 되었으니 더욱 그러하다.

인생을 살면서 가장 중요한 가치가 무엇인지 묻는다면 나는 주저하지 않고 '꿈'과 '희망'이라고 대답할 것이다. 꿈과 희망이 있는 사람은 이루지 못할 것이 없기 때문이다.

꿈이 있는 사람은, 희망을 볼 줄 아는 사람은, 어떤 순간 어떤 상황에서도 포기하지 않고 멀리 내다보고, 크게 보며 한 걸음 앞으로 나아간다. 자신에게 최선을 다할 뿐 아니라 함께 인생을 살아가는 모든 사람들에게 베풀 줄 안다. 무엇보다 어떤 어려움이 있어도 포기하지 않는다. 그것이 꿈, 희망의 힘이고 가치이다.

국회의원으로 일한 12년간 무수한 일들이 있었다. 하고 싶은 것도 너무 많았고, 무명의 정치 신인이던 나에게 믿음을 보여주고, 그 믿음을 계속 지켜준 김천 시민에 대한 감사한 마음이 있었기에 김천과 김천 시민을 위해 해야 할 일도 많았다. 김천은 나에게 정치의 꿈을 심어주고, 그 꿈을 키워주었으며 이루게 해준 곳이니 애정이 더 각별했음은 물론이다.

무엇이 가장 중요한 일일까 계속 고민하면서 나는 김천을 활력 넘치는 도시로 부상시키고자 노력했다. 이를 위해 사통팔달의 교통 기반 시설을 유치하고자 열과 성을 다했다. 김천으로 통하는 고속도로를 구축하는 데 의원 생활 절반을 보냈다면 그 다음 절반은 KTX 김천역사와 김천 혁신도시에 모든 것을 걸었다.

물론 그 과정이 쉽지만은 않았다. KTX 김천역사의 경우 고속철도인 만큼 정차역을 최대한 줄이려는 건설교통부의 정책을 바꾸기가 여간 어렵지 않았으니 말이다. 그러나 KTX 김천역 유치

는 나의 재선 공약이기도 했고, 김천 시민 모두의 간절한 바람이
었기에 한발도 물러설 수 없었다.

KTX 김천역 유치 과정에서 수십 차례씩 관련 부처 인사들을
만나면서 나는 사람을 내 편으로 끌어들이기 위한 노력이 얼마
나 중요한지를 배웠다. 모두가 난색을 표하며 반대할 때, 무작정
'내 편이 되어 달라' 말하기보다 '안 되는 일도 될 수 있는 일'로
만들 수 있는 돌파구를 찾아야 한다는 것도 배웠다. 끊임없이 사
람들을 만나 설득하는 한편, 계속 더 나은 방법은 없는지 연구하
고 공부하면서 '교차 정차'라는 대안을 만들어냄으로써 나는 주
변 의원, 관련 부처 인사들을 설득할 수 있었다. 그렇게 고된 노
력의 결과로 KTX 김천역이 설립되었다. 처음으로 KTX를 타고
김천에 내려가던 날, 얼마나 벅찼는지 모른다. 지금도 김천에 갈
때마다 사람들의 이야기를 듣는다.

"KTX 타니 서울까지 1시간 25분이면 되니까 얼마나 좋은지
모르겠소."

이런 이야기를 들을 때마다 나도 모르게 어깨에 힘이 들어가
고 미소가 지어진다. 누구에게라도 자랑하고 싶은 일이 아닌가?

김천 혁신도시 유치도 참 파란만장한 과정이 있었다. 포항, 안
동, 경주 등 경북의 많은 도시들이 사력을 다해 유치 전쟁을 펼
친 일이었으니 쉽지 않은 일이었다. 그런데 혁신도시 유치에도
KTX 김천역이 큰 공을 세웠으니 얼마나 고마운지 모르겠다.

그렇지만 인생에 늘 봄날만 있는 것은 아니었다. 삼선 의원으로서 지역구 발전에 큰 힘을 쏟고 이제 사선 의원이 되어 제대로 나라를 위한 정치를 해보고 싶었던 내 꿈이 산산조각 났다. 공천 파동으로 국회 재입성이 좌절된 것이다. 청천벽력이란 말은 이런 때 쓰는 말이겠구나 싶었다.

그런 내게 한국전기안전공사의 사장이라는 자리가 주어졌다. 오로지 정치인으로서의 삶을 생각해온 나에게 닥쳐온 변화를 어떻게 감당해야 할지 처음엔 막막했다. 하지만 내 의지만으로 시작한 일이 아니라고 해도 사장으로 재임하는 동안은 최선을 다하기로 마음먹으니 많은 것이 달라졌다. 무엇보다 공기업 사장이라는 자리가 정치인으로서 내가 뜻을 펼치고자 했던 것과 하나의 맥락으로 연결된다는 믿음이 있었기에 더 최선을 다할 수 있었다. 국민들을 위해 만들어진 공기업에서 열심히 일을 하는 것도 애국의 길 중 하나가 아닌가.

물론 현실이 녹록하지는 않았다. 처음 사장으로 부임했을 때 우리 회사의 적자폭은 생각보다 더 엄청났다. 연간 600억 원이라니, 누가 봐도 한숨이 나올 만한 일이었다. 거기에 더해 삼선 국회의원 출신인 나에 대한 편견과 뭔가 영향력을 발휘해주길 바라는 기대가 복합적으로 더해지니 심적 부담이 말할 수 없을 만큼 컸다.

그때 나를 일으켜준 것은 '욕심을 내기보다 내가 임기를 마칠 때 잘했다는 소리를 들을 수 있도록 최선을 다하자'는 마음이었다. 모든 것이 낯설고 새로운 환경에서 나는 더 열심히 실상을 파악하고, 문제를 개선하기 위한 다양한 방법을 연구했다. 무엇보다 직원들의 마음에 '할 수 있다'는 확신을 심어주기 위해서 노력했다. 새롭고 혁신적인 방안을 찾고, 변화에 적극적으로 대처하겠다는 다짐으로 '1초 경영'이라는 캐치프레이즈를 내걸고 최선을 다했다. 그 결과 내가 부임한 첫해 600억 원 적자가 150억 원 흑자로 돌아서는 놀라운 성과를 거둘 수 있었다. 무엇보다 공기업이 복지부동한다는 편견을 깨고 새로운 활로를 찾아 해외 사업 진출, 무정전 점검 등 여러 면에서 괄목할 만한 성장을 이루었다는 것이 뿌듯하고 기쁘다. 지난 3년에 가까운 재임 기간 동안 함께 어려움을 뚫고 오늘을 일구어준 우리 직원들에게 그래서 더 감사한 마음도 가지고 있다.

그리고 이제 나는 다시 새로운 꿈, 새로운 희망을 향한 도전을 준비하고 있다. 우리나라가 선진국으로 도약하고, 내 고향이자 내 삶의 원천인 김천의 비약적인 성장을 도모하는 것, 그것이 이제 내가 바라보는 꿈이고 희망이다.

나는 이 도전에서 지난날 그래왔던 것처럼 앞으로도 쉼없이 달려나갈 생각이다. 어려움도 있을 것이고, 때론 좌절할 때도 있겠지만 절대로 포기하지 않고 한 걸음 한 걸음 묵묵히 앞을 향해 전진하고 도전해갈 것이다.

지금까지 살아오면서 많은 도움과 은혜를 받았다. 부모님과 여러 스승님들, 함께 일한 동료, 선·후배 의원들, 그리고 늘 힘이 되어주는 친구들에게 감사를 전한다. 지난날 그랬던 것처럼 앞으로도 함께 서로 어깨를 기댈 수 있기를 간절히 소망한다.

언제나 내 곁을 지켜주는 아내와 사랑하는 아이들에게도 무한한 사랑과 감사를 전한다. 당신들이 있었기에 내가 부끄럼 없는 삶을 살 수 있었다. 그리고 마지막으로 이 모든 일을 주관하시고 보살펴주신 하느님께 감사의 기도를 올린다. 항상 함께 기도해주시는 김천 성당의 교우님들과 신부님께도 너무 감사하다.

이제 나는 새로운 도전 앞에 서 있다. 그 도전에서 모든 분들께 받은 은혜를 감사하는 마음으로 더 베풀고 나누는 삶을 살아갈 것이다.

임 인 배

CONTENTS

3장 더 멀리 보고 크게 보라

4장 인생의 답은 사람에게서 구하라

5장 위기도 최고의 기회로 만드는 도전

1장

꿈이 있는 사람은
지치지 않는다

꿈을 향해
끊임없이 항해하라

누구나 어린 시절에는 '나중에 커서 무엇이 되고 싶다'는 자신의 꿈을 당당히 밝힐 수 있다. 하지만 스무 살만 되어도 그 꿈을 남에게 말하는 것이 쉽지 않다.

어린 시절, 사람들 앞에서 '내 꿈은 대통령이 되는 것이다'라고 말하면 모두 웃어주지만 스무 살이 되어서도 그런 얘기를 하면 비웃음거리가 되고, 서른 살이 되어 그런 얘기를 하면 '농담이 지나치다'는 이야기를 듣는다.

초등학교 시절 내 꿈은 부자가 되는 것이었다. 어려서부터 가난의 불편함을 알고 자랐기에 어릴 적 내 꿈은 오로지 돈을 많이 버는 것이었다. 그래서 부모님께 집도 지어 드리고 내가 다니던 학교에 찾아가 선생님들께 부자가 된 내 모습을 보여드리고 싶었다. 졸업할 때 '자신의 꿈을 적어내라'는 선생님의 말씀에 "제 꿈은 대한민국에서 제일가는 부자가 되는 것입니다. 커서 성공하면 꼭 학교에 찾아오겠습니다"라고 말했을 정도이다. 지금 생각해보면 유치하다고 했을 법도 한데 그 당시 그런 내 꿈을 비웃는 사람은 아무도 없었다.

그런 나에게 변화가 찾아왔다. '훌륭한 정치가'가 되고 싶다는 꿈을 가지게 된 것이다. 나에게 변화를 가져다준 것은 김구 선생의 《백범일지》였다. 그 책을 읽으면서 나는 '남자가 태어나서 이런 큰 그릇이 되어야 한다'라는 생각에 국회의원이 되겠다고 마음먹었다. 그날 이후 내 꿈은 계속 훌륭한 정치인이 되는 것뿐이었다.

하지만 내가 서른 살이 되었을 때도 '국회의원이 되겠다, 정치를 하겠다'라고 내 꿈을 꺾지 않으니 여기저기서 우려의 목소리가 들려왔다. 대놓고 나를 무시하는 사람은 없었지만, 사람들은 표정으로 '정치는 아무나 하나, 젊은 나이에 무슨 국회의원?'이라고 말하는 것을 알 수 있었다.

그날 이후 나는 더 이상 내 입으로 내 꿈에 대해 이야기하지 않았다. 사람들에게 비웃음거리가 되고 싶지 않아서가 아니라, 꿈을 이루기 위해 필요한 것은 '말'이 아닌 '준비'라는 것을 알았기 때문이었다.

꿈을 이룰 기회는
준비된 자에게만 찾아온다

1996년 3월 12일 새벽 4시.

지금도 잊을 수 없고, 앞으로도 평생 잊을 수 없을 1996년 3월 12일 새벽 4시, 내가 국회의원으로 당선된 순간이다.

선거 과정은 파란만장했다. 당시 나의 경쟁자는 서울대 법대 출신으로 법무장관에 청와대비서실장까지 지낸 화려한 경력의 정해창 장관이었다.

그에 비해 나는 지방대 출신으로 이렇다 할 경력 하나 없는 무명의 애송이였다. 그런 내가 만 40세의 나이로 국회의원에 당선이 된 것이다. 당시 언론에서는 나의 당선을 '다윗과 골리앗의 싸움'에 비교하면서 나는 일약 '다윗 국회의원'으로 전국에 알려졌다.

나의 당선 소식에 제일 먼저 달려온 것은 〈조선일보〉 기자였다. 전날까지 선거 운동을 하느라 지칠 대로 지친 우리 부부는 선거 당일 밤을 새며 개표 결과를 지켜보느라 머리도 감지 않고 있었는데, 신문사며 방송국에서 갑자기 찾아와서 카메라를 들이대고 셔터를 눌러대니 정신이 하나도 없었다. 그때 우리 부부가 밤새 피곤에 지친 얼굴에다 부스스한 모습으로 만세를 부르며 기뻐하는 사진이 〈조선일보〉에 실렸다. 지금도 집에 걸어둔 그 사진을 볼 때마다 집사람과 나는 그때가 생각나 웃음을 터트리곤 한다.

생각해보면 내가 국회의원이 된 것은 내가 잘나서도 아니고, 내가 가진 것이 많아서도 아니었다. 그저 내 꿈을 이루기 위해 부단히 노력하고 준비한 덕분이었다. 나는 정치인으로서 필요한 자질을 갖추고자 각 분야에서 최고가 되기 위해 노력했다. 사실 국회의원이 되기 위해 정당 공천을 받으려면 서울대 같은 일류대를 나오거나 부장판검사 정도의 경력이 있어야 한다. 무소속으로 출마를 하려고 해도 유권자들에게 좋은 인식을 심어주기 위해서는 어느 정도의 커리어가 필요하다. 하지만 나는 시골 출신에 지방대를 나왔으니 그런 조건에서는 한수 밀리는 게 사실이었다. 나는 일단 국회의원 후보 자격부터 갖추어야 된다고 생각했다. 그래서 내가 제일 먼저 기울인 노력은 고시 준비를 하는 것이었다. 사법고시든, 외무고시든, 행정고시든 이것이 정치인으로서의 내 삶에 중요한 자양분이 되어줄 것이라는 믿음과 이를 통해 명성을 쌓고자 하는 마음으로 고시에 임했다. 하지만 운이 없게도 고시에서는 매번 고배를 마셨다.

건강이 악화돼 결국 고시는 포기했지만 공부에 욕심을 계속 가졌다. 공부를 열심히 해서 박사 학위를 따야겠다고 생각했다. 공부만 할 수 있는 형편은 아니었는데 다행히 취직은 잘 되어서 직장에 다니면서 대학원에 다닐 수 있었다. 하지만 사기업은 일이 너무 많아서 학업을 계속 이어가기가 힘들었다. 결국 공부 시간을 더 많이 갖기 위해 내가 선택한 길은 공무원이 되는 것이었다. 공무원이 일이 적어서라기보다는 특화되어 있어서 내가 맡은 일만 정확히 하면 개인적인 시간을 만드는 게 상대적으로 쉬웠기 때문이다. 공무원이 된 후 나는 박사 과정까지 마칠 수 있었다.

특별한 것 없어 보이는 평범한 인생 여정이었지만 그 시절 15년에 가까운 시간이 내게는 준비 기간이었고, 끈기와 인내를 알려준 시간이었다. 마음으로는 '위대한 정치가'를 꿈꾸면서 당장 하고 있는 일은 누구나 할 수 있는 단순 업무다 보니, '도대체 내가 여기서 뭘 하고 있나?' 하는 회의가 들 때도 한두 번이 아니었지만 지금 하고 있는 일이 내 꿈을 향한 연장선상에 있다고 생각하면서 마음을 추스를 수 있었다.

무엇보다 그 시간이 내게 가르쳐준 것은 삶이 호락호락하지 않다는 사실이다. 젊은 날에는 5년, 10년만 노력하면 뭐든 다 될 것 같았는데 그것이 오만한 생각임을 깨달았다. 긴 인생에서 적어도 20년, 30년은 노력하고 살아야 자신의 꿈에 근접하게 된다는 사실을 배웠다. 결국 인생은 끊임없는 노력이 필요한 과정이고, 기회는 꿈을 위한 준비를 열심히 해온 사람에게만 허락되는 것임을 알았기에 더 많이 노력해야 함을 깨달았다.

멈추지 말고
계속 앞으로 나아가라

요즘 대학 등록금이 비싸다는 것이 중요한 사회문제로 대두되고 있다. 내가 대학을 다니던 시절과는 사뭇 다르구나 생각하게 된다. 그 시절만 해도 등록금뿐만 아니라 당장의 생활비도 없어서 대학 진학을 꿈꾸지 못하는 사람들이 많았다. 나 역시 어렵게 대학을 졸업하고 꿈과 현실 사이에서 방황을 많이 했다.

나는 계속 공부를 하고 싶었다. 석사도 되고, 박사학위도 받아서 학문으로 일가를 이루고 싶었다. 하지만 시골에 계신 부모님은 사회인이 된 아들이 직장을 다니며 식구들 생활비라도 벌어주기를 원했다. 부모님의 뜻을 알고, 집안 사정도 알았기에 차마 공부를 더 하겠다는 말을 하지 못했지만, 그래도 꿈을 포기할 수 없었다. 결국 나는 연세대학교 대학원에 등록을 했는데 문제는 학비와 생활비였다.

고민만 하고 있자니 답이 나오지 않아 답답한 마음에 대학 은사님을 찾아가 자초지종을 말씀드렸다. 그때 교수님께서 충남 태안에 교사 자리가 하나 났는데 좀 멀긴 하지만 김천보다는 대학원 다니기에 편하지 않겠냐고 추천해주셨다.

당시로서는 좋고 말고가 없었다. 대학원을 다니면서 일을 할 수 있다면 어떤 일이든 가리지 않고 할 수 있었다. 내 이력서의 한 줄을 차지하고 있는 교직 경력은 이렇게 해서 시작되었다. 태안반도에서 아이들을 가르치면서 나는 교사라는 직업이 내 적성에 참 잘 맞는다는 것을 알았다. 순박한 아이들과 지내는 시간도 좋았고 내가 가진 지식을 나누어주는 일도 보람이 있었다.

하지만 그렇다고 그곳에서 교사 생활을 계속할 수는 없었다. 내가 가야 할 곳은 대한민국 정치의 한복판이었고, 나는 아직 그 꿈을 이루기 위한 초석조차 다져놓지 못한 상태였다.

안주하는 순간 꿈은 멀어진다

아무리 보람되고, 좋은 직업이라고 할지라도 그 자리에 안주해서는 안 되겠다는 마음에 나는 1년 남짓한 교사 생활을 접고

서울로 올라왔다. 이후 나는 공무원이 되었고, 계속 공부를 하며 주경야독을 했다. 다행이 내가 몸담고 있던 대검 중수부 일은 시간 관리가 비교적 수월한 편이었다. 물론 그렇다고 해서 일을 하면서 공부하는 게 만만한 일은 아니었다. 힘들 때마다 이를 악물었다. 그렇게 해서 무사히 대학원을 마쳤고, 그 사이 아내 역시 맞벌이로 꾸준히 일을 했다. 덕분에 우리는 아주 넉넉하지는 않아도 당시 서울에서 집도 한 채 마련할 수 있었다.

직업도 안정적인 편이고 벌이도 괜찮은 편이었으니 사실 우리 가족은 내가 국회의원이라는 큰 목표만 가지지 않았다면 적어도 정년까지는 보통 사람들처럼 적금도 붓고 여행도 하며 평범하고 단란한 가정을 꾸렸을 것이다. 하지만 나에게 꿈은 나를 있게 한 오늘이고, 가야 할 미래였다. 그 꿈을 위해서라면 나약하게 현실에 안주해서는 안 된다고 마음을 다잡았다. 나는 깡통을 차도 좋으니 내가 가야 할 길을 가겠다고 생각했다.

모두를 위한 삶, 그 길을 위해서 나는 계속하여 다른 걸음을 내딛어야 한다고 생각했다. 나이 서른 살에 과감히 모든 재산을 털어 장학회 사업도 시작할 수 있었던 것도 다 이런 의지가 있었기 때문이었다. 적어도 사람들을 이롭게 하는 일에 좀 더 가까워져야만 꿈을 향해 도약할 수 있다고 생각한 까닭이다. 그런 바람이 담긴 장학회 사업을 통해 나는 많은 이들을 만났고, 도움을 줌으로써 더 풍요로운 마음으로 삶에 임할 수 있었다. 계속해서 새로워지는 일이 쉽지 않다는 것도 가슴에 새길 수 있었다. 그리고 결과적으로 장학회 사업을 통해 '임인배는 큰 일을 할 수 있는 사람'이란 명예도 얻을 수 있었다.

현재의 자리에 안주하면 더 큰 것을 얻을 수 없다. 자신이 맡은 일에서 최선을 다하되 목표한 바를 이루기 위해서는 자신이 가진 것도 과감히 버리고, 또 다른 사람을 위해 쓸 줄 알아야 한다. 안주하면 둔해질 수밖에 없다. 둔해진다는 것은 혁신이 불가능해진다는 말이다. 물질보다 소중한 꿈의 가치를 위해 끊임없이 항해하는 자만이 진정 원하는 삶을 살 수 있다.

한 걸음 한 걸음
더 큰 미래를 꿈꾸어라

꿈을 이루면 사람들은 그것으로 모두 다 이룬 것처럼 생각한다. 하지만 정작 자신이 처음 꾸었던 꿈에 이르면 또 다른 세상, 또 다른 해야 할 일들이 보이게 마련이다. 처음 국회의원이 되었을 때 나는 국회에만 입성하면 뭐든 할 수 있을 것이라고 생각했다. 국회의원이면 모두 다 똑같은 권한을 가지고 있는 줄 알았다. 하지만 이는 큰 오산이었다. 국회의원 조직도 일반 회사처럼 뚜렷하게 직제가 나눠져 있었다. 흡사 군대조직처럼 당에서 지시하는 일은 반드시 해야 하고, 맡는 역할도 정해져 있다. 더구나 주요 당직이나 국회 각 분과의 위원장은 삼선, 사선, 오선 의원들이 다 맡고 있었다.

그러다 보니 예산을 배분할 때도 다선 의원들의 지역구로 주요 예산이 먼저 책정되었다. 이에 반해 초선이나 재선 의원들이 하는 일은 당의 뜻을 관철시키기 위해 주어진 주제에 대해 대정부질의를 하거나, 한 표를 더하는 역할 정도였다.

특히 초선의 경우 거의 국회 시스템에 적응하다가 4년을 다 보내는 게 관례였다. 게다가 나는 마흔 살에 처음 국회의원이 되었으니 평균 55~60세가 되는 선배 의원들의 의지를 받들지 않을 수가 없었다.

농담처럼 "왜 우리는 지역구에 예산도 제대로 못 가져가고 허구한 날 데모하는 데나 불려 다녀야 하냐?"라고 호소하면 "억울하면 다선의원 되라"는 선배 의원들의 놀림이 돌아오고는 했다. 그러다 보니 내가 국회에서 가장 처음 느낀 감정은 실망감이었다. 약간의 좌절감도 있었다.

정치를 하고, 나라를 위해 헌신하고, 지역구민을 위해 봉사하는 일꾼이 되겠다는 원대한 꿈이 부끄러울 만큼 초선 국회의원이 하는 일은 한심했다. 당시에는 '내가 이러려고 국회의원이 되었나?' 하는 후회와 '지역에 약속하고 온 게 많은데, 내가 이러고 있을 때가 아닌데…' 하는 무력감으로 무수한 날 밤잠을 설치곤 했다.

꿈에도 그리던 국회의원이 되었건만, 내 뜻을 제대로 펼치지 못하면서 나는 '아, 아직 갈 길이 멀구나' 생각했다. 오로지 국회의원이 되기 위해 달려왔지만 국회의원이 되었다고 꿈이 다 이루어진 것은 아니었다. 한탄하고 있기보다 이런 상황에서 내가 무엇을 할지를 고민했다. 하나를 이룬 것에 감사하며 다음 단계를 향해 가기 위해 내가 무엇을 해야 할지를 생각한 것이다. 국회의원 배지를 단 것은 그저 꿈을 이루는 한 과정이라는 생각에 이른 셈이다.

어린 시절 화가가 꿈이던 사람이 미술대학에 입학했다고 해서 꿈이 이루어진 것이 아니고, 의사가 되고 싶은 사람이 의사가 되었다고 만족한 인생을 산다는 보장은 없다. 화가가 되었든, 의사가 되었든 진정한 꿈의 실현은 자신이 가슴 깊이 원하는 것을 현실화했을 때라야 완성되는 것이고, 또 그래야 비로소 행복해질 수 있지 않은가?

국회의원으로서의 나 역시 마찬가지이다. 정치적 소신을 지키면서 지역 주민들을 위해 뜻을 펼칠 수 있을 때 진정한 정치가로서의 꿈을 실현하는 것이란 생각에 이르렀다. 나는 그 후 힘있는 국회의원이 되기 위해, 무엇보다 일해야 할 때를 알고, 더 잘할 수 있는 국회의원이 되기 위해 노력했다. 누구보다도 더 자주 지역에 내려갔고, 동료 정치인의 신임을 얻기 위해 최선을 다했다. 제대로 정치를 하려면 지역민들의 사랑을 오랫동안 받아야 하고, 국회 내에서도 신망이 두터워야 함께 뜻을 이룰 수 있다는 것을 늦게나마 깨달은 것이다.

위대한 작품이 탄생하기까지 수많은 습작이 필요하듯, 꿈을 향한 계단도 결국은 한 계단 한 계단 밟고 올라가는 것이지, 단번에 목적지까지 올려다주는 승강기 같은 것은 애초에 없다는 걸 여실히 깨달았던 때이기도 하다.

끊임없이 의지를 말하고, 설득하고, 실천하라

초선 국회의원으로서 현실 정치라는 커다란 벽 앞에서 좌절도 많이 했지만 그래도 초선 임기 후반부에 국회 건설교통위원회의 위원이 되는 성과가 있었다.

건설교통위원회는 국회에서 국회의원 되기보다 더 힘든 관문이라고 할 만큼 경쟁이 치열한 상임위원회로, 보통 경쟁률이 10대 1이 넘기 때문에 웬만한 배경 없이는 들어갈 수 없는 곳이다.

그럼에도 불구하고 내가 건설교통위원회에 들어갈 수 있었던 것은 국회에 들어가면서부터 "나는 건교위에 못 들어가면 국회의원 자리 내놓겠다. 나는 김천 시민들에게 약속을 하고 온 사람이다"라는 사실을 수차례 강조했고 기회가 될 때마다 당 대표에게 이런 나의 의사를 강력히 피력한 덕분이었다.

또 국정감사 등 국회의원으로서 할 수 있는 모든 의정활동에 최선을 다하고 당을 위해서도 몸을 사리지 않고 열심히 뛰는 모습을 보여주며 신임을 얻었기 때문이었다.

아무래도 건설교통위원회 소속 위원들은 자신의 지역구에 어떤 현안이 있는지를 한눈에 꿰뚫고 있기 때문에 그만큼 예산이 필요한 부분도 조목조목 잘 알고 있다. 그러다 보니 상대적으로 건설 관련 예산이 소속 위원들 지역구에 더 많이 배정되기도 한다.

사실 그렇기 때문에 국회의원이 너나할 것 없이 건설교통위원회에 들어가려고 하는 것이다. 말 그대로 '지역 발전'을 가장 빠르게 이룰 수 있는 좋은 기회를 제공하기 때문이다.

내가 초선 때 김천-왜관, 김천-상주, 김천-영동, 김천-거창 간의 도로를 확장하는 데 필요한 기본 설계를 보장받을 수 있었던 것도 모두 건설교통위원회의 위원이었기 때문이었다. 지역민들이 나에게 보내준 지지와 응원의 밑바탕에도 이런 노력과 성과가 자리하고 있을 것이다.

나는 지금도 내가 건설교통위원회에 들어가 지역 발전에 기여할 수 있는 기반을 잡게 된 것에 감사한다.

빌 게이츠는 "인생이란 원래가 불공평한 것이다. 현실에 불평하지 말고 그저 받아들여라. 세상은 너희가 어떻게 생각하든 신경 쓰지 않는다. 세상이 너희에게 바라는 것은 너희가 어떤 것을 성취하여 세상에 보여주는 것이다"라고 말한 바 있다.

어느 사회, 어느 조직에서나 오르기 힘든 벽이 있게 마련이다.

하지만 그렇다고 그 벽 앞에서 좌절하고 쓰러지거나, 그 벽을 무시하고 돌아서 버리면 목적지는 점점 멀어진다.

나는 현실을 인정하고 초선으로서 할 수 있는 일을 찾는 데 주력했다. 그 많은 의원들 중에 왜 내가 건교위에 들어가야 하는지에 대해 강력히 피력했고, 끈질기게 설득하는 동시에 내가 앞으로 큰일을 할 수 있는 사람이라는 것을 보여주기 위해 매사에 열심히 일했다. 이런 노력 덕분인지 재선 때 건설교통위원회의 간사직과 원내 수석부대표 자리를 맡을 수 있었다.

아직 가야 할 길이 많이 남아 있지만 이런 경험을 통해 나는 확실히 알 수 있었다. 꿈은 그렇게 한 걸음 한 걸음 착실히 앞으로 나가는 사람에게만 허락되는 것이라는 사실을 알게 되었다.

사소한 차이가 만드는
성공의 경험을 쌓아라

사실 능력이 아무리 출중한 사람이라고 해도 실수가 있고, 아무리 부족해 보여도 실제로 내공이 깊은 경우도 있다. 어떻게 보면 사람들은 큰 차이가 없이 대부분 거기서 거기다. 그런데도 누구는 성공하고, 누구는 실패한다. 나는 거기서 거기인 사람들 사이에서 눈에 띄게 성공할 수 있는 길이 그리 특별하지 않다고 생각한다. '거기서 거기'를 벗어나기만 하면 되기 때문이다.

우리 눈에는 굉장히 사소해 보이는 일들이 '거기서 거기'를 벗어날 수 있게 해준다. 남들보다 5분 먼저 출근하고, 해야 할 일이 있으면 5분 먼저 끝내고, 남들보다 약속시간에 5분 먼저 도착하고, 무엇이든 이렇게 조금만 더 부지런히, 조금만 더 열심히 하다 보면 5년 후, 10년 후 자신의 분야에서 괄목할 만한 성과를 거둘 수 있다고 믿는다.

나 역시 이런 노력을 통해 조금씩 성장할 수 있었고, 더 많은 일을 할 수 있었다. 초선 때 건설교통위원회의 일반 위원이었던 나는 재선 때 건교위 간사, 그리고 삼선 때는 세 개 위원회의 위원장 자리를 맡게 되었다. 국회 과학기술정보통신위원장, 국회 일자리창출특별위원장, 한나라당 경북도당위원장 등 국회의원이 거칠 수 있는 위원장 자리를 모두 거치면서 내가 할 수 있는 일들이 점점 늘어났다.

성공 경험은 다음 단계 성공의 중요한 디딤돌

국회의원으로 일하며 가장 가장 흐뭇했던 일 중 하나는 고향에 내려갈 때마다 여기저기서 공사가 진행되는 모습을 보는 것이었다. 특히 KTX 역사가 김천에 들어서기로 확정되었을 때의 기쁨은 지금도 잊을 수가 없다.

'아, 내가 재선, 삼선 의원이 되니까 우리 김천이 발전을 하고 지역의 현안들도 하나둘씩 해결이 되는구나.'

초선 때는 느끼지 못했던 이런 성취감은 '아, 정치라는 게 정

말 멋진 일이구나. 남자로 태어나서 정말 한 번 해볼 만한 일이
구나!' 하는 자신감과 긍지를 느끼게 해주었다.

정치인으로서 내가 또한 보람을 느끼고, 즐거움을 느낀 다른
한 가지는 한나라당 경북도당위원장이 되면서였다. 지역 도의
원, 자치단체장들의 공천에 직접 관여하면서 보람과 일하는 즐
거움을 느꼈다.

이렇게 한 단계 한 단계 발전하면서 내가 할 수 있는 일이 좀
더 많아지고, 또 그 과정에서 성공 경험이 쌓이면 더 열심히 일
할 수 있는 동력이 생긴다는 것을 알았다. 한편으로는 '아, 역시
국회의원은 초·재선보다 삼선, 사선이 되면 해볼 수 있는 일이
많아지겠구나. 초선을 지나면서 선배 모실 줄도 알게 되고, 리더
십도 쌓아서 사선, 오선 때 원내대표도 되고 국회의장도 되면서
정치인으로서 진정한 꿈을 펼쳐나가게 되는 것이구나' 하는 것
을 깨달을 수 있었다.

국회의원으로서 지역을 위해 할 수 있는 것이 없다고 느꼈던
장벽을 깨고, 하나 하나 쌓은 성공 경험은 나에게 많은 에너지를
주었고, 할 수 있다는 생각을 심어줬다. 초선 때는 그렇게 높은
벽이라고 느껴졌던 것들이 이제는 가뿐히 넘을 수 있는 낮은 울
타리로 보인다. 더불어 내 꿈은 어느덧 국회의장이 되는 것으로
커져갔다. 처음에는 국회의 시스템조차 모르는 철부지 국회의원
으로 시작했지만 당내 수석부대표가 되고 각종 위원장 자리를

섭렵하다가 원내대표가 되고 국회의장이 되는 것, 이것이 바로 내가 걸어온 길이고 앞으로 걸어갈 길이라는 사실을 자연스레 알게 된 것이다.

솔직히 대통령은 하늘이 내려주는 사람이라 생각한다. 그래서 내 입으로 대통령이 되겠다거나 되고 싶지 않다거나 말하는 것은 무의미한 일이라고 생각한다. 하지만 국회의장이 되기 위해 차근차근 한 걸음씩 밟아나가는 것은 무리한 행보가 아니라고 늘 생각하고 있다.

물론 국회의장이 내 최종 꿈은 아니다. 지금도 꾸준히 대학에 강의를 나가고 있는데, 언젠가는 대학총장이 되어 등록금 걱정 없는 대학도 만들어보고 싶고, 또 언젠가는 영화 제작자가 되어 멋진 영화도 한 편 만들어보고 싶다. 문화예술이 더 발전하고 질적 수준이 높아졌을 때 대한민국이 선진국으로 나아갈 수 있다고 믿기 때문이다. 다만 지금은 좋은 정치인이 되고자 하는 꿈을 먼저 이루고 싶다.

더구나 요즘처럼 건강하게 오래 살 수 있는 세상에서 한 가지 꿈만 꾸며 인생을 살 필요는 없지 않은가. 하나를 이루면 다음 것도 이룰 수 있다. 우리의 인생에서 이모작, 더 나아가 삼모작을 성공하는 사람도 있다는 이야기를 종종 듣고는 한다. 한 분야에서 성공하면 다른 분야에서 성공을 거두는 것은 분명 조금 더 수월하다. 성공을 거두느냐 그러지 못하느냐를 가늠하는 것은 사소한 차이이고, 성공한 사람들은 그 차이를 알기 때문이다.

스스로 노력해서 원하는 것을 이루어나감으로써 성공 경험을 쌓아나가다 보면 분명 다음 단계의 꿈을 이루는 큰 디딤돌을 얻을 수 있을 것이다.

인생을 걸고 닮고 싶은
롤모델을 찾아라
-《백범일지》가 내게 남긴 것

중학교 2학년 때 국어를 가르치신 이재호 선생님은 인생에 도움이 되는 이야기를 많이 해주셨다. 국어 과목도 열심히 가르치셨지만 그분이 전해주시는 인생 지혜는 많은 감화를 주었고, 학생들도 그분을 존경했다. 그런데 선생님께서 특히 강조하신 것이 바로 폭넓은 독서였다.

선생님께 감명을 받은 나 역시 그 시절 독서에 열중했다. 삼중당에서 나온 《이광수 대표 문학 전집》을 비롯해서 나폴레옹, 이순신, 링컨 등을 다룬 위인전을 많이 읽었다. 그중에서도 특히 잊을 수 없는 책은 바로 《백범일지》이다.

학급의 책장에서 처음 만나 누구의 책인지도 알 수 없던 책,

너무 많이 읽어서 표지는 너덜너덜하고 책장은 잔뜩 부풀어 오른 한 권의 책, 그 책이 내 인생의 책이 되었다.

《백범일지》는 백범 김구 선생이 자신의 두 아들에게 파란만장했던 자신의 삶을 들려주기 위해 쓴 글이다. 지금도 처음 그 책을 읽었을 때의 감회를 잊을 수 없다. 그만큼 충격적이었다.

약관 20세도 채 되지 않은 나이에 의병대장이 되어 외세의 앞잡이가 된 관군과 일전을 치른 일, 3·1운동이 일어남과 동시에 더 이상 국내에서는 활동할 수 없어 중국으로 건너가 대한민국 임시정부를 만들고 이후 해방이 될 때까지 대륙을 떠돌면서 목숨을 담보로 벌인 처절한 독립운동의 역사가 한 페이지 한 페이지 아로새겨져 있었다.

무엇보다 백범 선생의 기개와 의지는 많은 감동을 주었다. 무슨 일이건 1~2년을 인내하는 것은 어렵지 않다. 하지만 김구 선생처럼 일제 식민지 36년을 오로지 조국의 해방을 위해 일하며, 끊임없이 달려가기란 쉽지 않다. 해방을 입에 올리기도 힘들 정도로 엄혹했던 암흑기에 가족을 떠나 홀로 생활하면서 일제와 맞선 백범의 의지가 나는 너무나 존경스러웠다. 특히 명성왕후 시해 사건 이후 국모를 죽인 일본인을 용서할 수 없다며 일본인 한 명을 시해하고 옥살이를 하는 과정에서 보여준 백범의 기개는 당시 혈기 넘치던 중학교 2학년 남학생의 의기를 자극하기에 충분했다.

지금도 나는 불의를 보면 참지 못해서 사람들이 나를 보면서 소위 '강성'이라고 하는데 어쩌면 그런 나의 기질도 《백범일지》를 읽으면서 자연스럽게 만들어진 성격의 한 부분인 것 같다.

나는 이런 감동을 가져다준 《백범일지》를 정말 수도 없이 읽었다. 읽고 또 읽었다. 그렇게 김구 선생에게 매료된 나는 결국 김구 선생과 같은 훌륭한 지도자가 되겠다는 결심을 하게 되었다. 김구 선생처럼 조국과 민족의 앞길을 보다 번영된 곳으로 이끌어가는 훌륭한 지도자가 되기 위해 나는 처음으로 정치가가 되겠다는 꿈을 꾼 것이다.

그 꿈이 어찌나 명료하고 확신 가득한 것이었는지 나는 그 뒤로도 지금까지 단 한 번도 훌륭한 정치가가 되겠다는 꿈을 접어본 적이 없다. 당장 먹고살 길을 찾기 위해 여러 가지 직업에 몸을 담긴 했지만 그것은 내 꿈을 실현시키기 위한 하나의 과정일 뿐이었다.

꿈을 만드는 것, 꿈을 키우는 것

돌아보면 시기도 참 좋았던 것 같다. 한참 꿈 많을 사춘기 시절, 내 미래의 모습을 그릴 수 있는 롤모델을 찾았다는 것은 분명 큰 행운이었다.

　요즘 중·고등학교 교육이 너무 입시 위주인데다 너도 나도 경쟁 사회에서 살아남기 위한 자격을 갖추는 것에 혈안이 되어 있는 것 같다. 나는 학교에서 공부만 가르칠 것이 아니라 미래에 자신이 어떤 사람이 될 것인지, 사회를 위해서 어떤 일을 할 수 있는 사람이 될 것인지를 곰곰이 생각해보고 자신의 꿈을 키울 수 있도록 돕는 수업이 있어야 한다고 생각한다.

　한편 백범 선생이 나에게 가져다준 또 다른 선물이 있다.

　부끄럽지만 내게 문학의 즐거움도 선사해주었는데 백범 선생의 이야기를 소재로 소설을 쓴 것이다. 1994년, 서점에서 책을 보다가 문득 나도 소설을 한 번 써보고 싶다는 생각이 들었다. 그 무렵 나는 덕천장학회를 설립회 가난한 이웃들에게 도움을 주는 데 매진하고 있었고, 이왕이면 더 많은 기금을 조성해서 더 많은 이웃들을 도와주고 싶다는 생각이 강했다.

　만약 내가 정치가가 되지 않았으면 작가나 영화감독이 되었을지도 모른다고 말할 수 있을 만큼 나는 글쓰기와 창작에 관심이 많았기에 조금씩 소설을 써내려갔다. 그렇게 하여 김구 선생의 일대기를 재조명한 소설을 세상에 내놓게 되었다.《조국을 남기고 님은 가셨습니다》라는 나의 책이다.

　운이 좋았는지 당시 최고의 출판사에서 이 책을 출간하면서 현직 공직자가 쓴 소설로 화제를 모으고, 중앙일간지는 물론 각종 언론의 관심을 한 몸에 받았다. 덕분에 생각보다 훨씬 많이 판매되어 적지 않은 인세 수익까지 올릴 수 있었다. 모든 것이 처음 의도하고 원한 대로 이루어졌다. 그래서 나는 이 모든 것이 김구 선생이 보살펴준 덕분이라고 여겼다. 왠지 나에게 백범 자신처럼 훌륭한 지도자가 되라고 말하는 것만 같았다. 흡사 하늘의 계시처럼 말이다.

통일로 선진 한국을
이루고자 하는 꿈

어느 시대나 그 시대를 살아가는 사람들이 공통으로 갈망하는 역사의 방향, 즉 시대정신이라는 것이 있다. 1960년대의 근대화, 1970년대의 산업화, 1980년대의 민주화 등이 시대를 아우르는 중요한 태제였다. 그렇다면 21세기인 오늘날 우리가 가져야 할 시대정신은 무엇일까?

나는 21세기 우리에게 부여된 시대정신은 단연 우리나라의 선진화를 통한 통일 한국의 건설이라고 생각한다. 우리나라의 선진화란 우리나라가 교육 강국, 경제 강국, 문화 강국으로 우뚝 서는 것을 말한다.

그러나 안타깝게도 지금 우리 세대는 물론 우리의 후대들도 통일에 대한 염원이 희박해진 것 같다. 불과 10여 년 전만 해도 '우리의 소원'은 통일이었는데 이제 많은 국민들에게 통일은 '해도 그만, 안 해도 그만'인 관심 밖의 주제가 되어버린 듯하다.

나는 한반도의 통일은 반드시 이루어져야 할 일이라고 생각한다. 통일은 그 자체도 중요하지만 우리나라가 선진국으로 진입하기 위한 필수 조건이라고 생각하기 때문이다. 물론 우리 세대만을 생각한다면 통일을 하지 않는 것이 편할 수도 있다. 하지만 다음 세대들의 윤택한 삶을 위해서는 반드시 통일이 필요하다.

그 첫 번째 이유는 우리나라의 인구가 너무 적기 때문이다. 그렇지 않아도 자원이 부족한 우리나라가 인구 5천만 명이서 강대국을 만들기란 거의 불가능한 일이다. 일본을 봐도 그렇고 적어도 한 나라의 인구가 1억만 명은 되어야 선진국의 기본 조건을 갖출 수 있다. 아무리 수출을 많이 한다고 해도 기본적으로 내수 시장이 튼튼해야 경제가 활성화되기 때문이다. 우리나라가 국민소득 2만 달러 시대에서 3만 달러 시대로 진입하지 못하는 것도 일차적으로는 인구수가 적기 때문이라고 생각한다.

요즘 대학을 졸업하고도 취직을 하지 못한 청년 실업자가 얼마나 많은가. 갈수록 치열해지는 지구촌의 무한 경쟁 속에서 살아남기 위해서라도 우리 민족의 통일은 하루라도 빨리 이루어져야 한다고 생각한다.

두 번째 이유는 한반도의 평화 정착이야말로 선진국 진입의 중요한 전제조건이기 때문이다. 대한민국은 광대한 국토를 가진 나라도 아니고, 풍부한 천연자원을 가진 나라도 아니다. 그럼에도 불구하고 우리가 이만큼이나 번영을 할 수 있었던 것은 교육에 힘입은 바가 크다. 21세기 역시 다르지 않을 것이다. 대한민국이 선진국으로 진입하는 데 있어서 가장 중요한 요소는 우수한 인재를 확보하는 것이고, 그 우수한 인재는 교육을 통해서 길러진다.

우리나라와 같은 조건의 국가가 급변하는 세계 경제 환경에서 살아남기 위해서는 모든 에너지를 교육, 과학, 문화예술 등에 집중해야 한다. 하지만 남북이 분단되어 있는 상황에서는 하나로 모아 사용해야 할 에너지를 국방, 안보, 외교에 나누어 쓸 수밖에 없다.

관광이나 체육 산업만 봐도 그렇다. 우리나라에서 세계 대회 등 큰 대회를 개최하려고 할 때 남북 군사 문제만 터지면 외국인들은 한국 방문을 기피한다. 외국인들에게 분단국가, 전쟁 위험지역으로 인식되는 오늘의 현실에서 벗어나야 한다.

통일의 당위성에 대한 이런 확고한 신념으로 나는 재선이 되자마자 국회 한민족통일연구회를 발족했다. 국회 한민족통일연구회는 통일 문제 전문가들과 함께 한시라도 통일을 앞당기기 위해 연구하고 각종 강연회 및 토론을 통해 통일의 당위성을 알리기 위한 취지로 만들었다. 다행히 통일에 관심 있는 국회의원

들이 많아 이 모임은 국회에서 가장 많은 의원들이 참석하는 국
회 최다 의원 참석 연구모임이 되었다.

국회 한민족통일연구회 활동 중 가장 기억에 남는 것은 네 차
례에 걸쳐 남북평화통일 백두산 기원제를 지낸 일이다.

나는 2001년, 제 1회 남북평화통일 백두산 기원제를 지내기
위해 처음 백두산에 올랐다. 말로만 듣던 민족의 영산 백두산을
처음 마주했을 때의 벅찬 감동이란 지금도 잊을 수 없을 정도였
다. 푸른 하늘 아래 그림처럼 펼쳐진 백두산은 형언할 수 없을
정도로 아름다웠고 천지의 물은 상상한 것 이상으로 맑고 깨끗
했다. 정말 우리나라 사람이라면 누구라도 죽기 전에 꼭 한 번은
백두산에 올라보라고 권하고 싶은 마음이 저절로 들었다. 날씨
마저 너무 좋아 마음이 다 흡족했다.

대부분의 높은 산들이 그렇듯이 백두산 정상의 날씨는 예측하
기 어렵고, 그렇기 때문에 백두산에서 천지를 보기란 쉬운 일이
아니라고 하는데 신기하게도 우리가 네 차례나 백두산에 올라
통일기원제를 지낼 때마다 날씨가 항상 좋았다. '백두산도 우리
와 똑같은 마음으로 민족의 통일을 간절히 바라고 있는 것이 아
닐까?' 하는 마음이 들 정도였다.

백두산 기원제 외에도 2001년 8월에는 독일과 러시아를 방문
하기도 했다. 2000년 6·15 남북정상회담 이후 급변하던 동북아
시아의 정세를 파악하고, 통일 문제 관련 주요 인사들의 의견을

청취하기 위해서였다. 그 가운데 특히 독일 방문 중에 들은 독일 문제 연구소장 데트레프 퀸의 강연회는 인상적이었다. 그는 한국 통일 문제에 대해 관심이 많은 인사였는데, 강연회를 통해 실질적인 독일의 통일 준비과정, 비용, 통일 후 사회 변화 등 다양한 정보를 나누어주었다.

독일과 러시아의 방문으로 우리는 희미하게나마 우리가 취해야 할 통일 방식에 대해 답을 얻을 수 있었다. 그들이 말하는 통일 방안을 살펴보면 우선 남한과 북한이 좋은 관계를 유지해야 한다는 것이 전제조건이었다. 이를 위해 가장 필요한 것이 서로 교류를 많이 하는 것인데 교류를 많이 하기 위해서는 상호 신뢰가 바탕이 되어야 한다고 했다. 서로 믿어야 교류를 할 수 있고 자주 교류를 하다 보면 자연히 통일 이야기가 나올 수밖에 없다는 것이다.

한반도 통일에 있어서 또 한 가지 중요한 사실은 한반도를 둘러싼 주변 강대국들의 이해관계를 잘 관리하는 것이라고 했다. 즉 미국, 러시아, 중국, 일본, 네 나라가 한반도의 통일을 용인해주어야 하는데 이를 위해서는 남북이 통일이 되어도 이들 네 나라에 어떠한 피해를 입히지 않을 것이라는 확신을 줘야 한다고 했다.

주변 국가들이 경계심을 가질 정도로 통일 한국이 너무 잘나갈 수도 있기 때문에 통일이 되는 것을 반대할 가능성이 크다는 것이다. 그러니 이들과 자주 만나 그런 부분에서 안심을 시켜주라는 것이다.

독일과 러시아의 통일 전문가들이 들려준 이러한 의견은 국회 한민족통일연구회의 회장직을 맡고 있는 내게 커다란 확신을 심어주었다. 평소 내가 생각하고 있던 통일의 방향과 상당 부분 일치했고 앞으로 더욱 자신 있게 통일 문제에 대한 논의를 할 수 있을 것 같았다.

모든 일에 준비가 필요하듯 통일도 준비가 필요하다

결국 통일을 앞당기는 가장 좋은 방법은 북한과 자주 교류를 하면서 신뢰 관계를 유지하는 것이었기에 국회 한민족통일연구회에서는 이번 기회에 북한을 방문하는 기회를 만들어보기로 하였다. 나는 어떻게 하면 북측에 방북 허가를 받아낼 수 있을까 고민했다. 그러다가 생각난 것이 문화예술로 접근해보자는 것이었다. 이념과 체제가 다른 나라가 자리를 함께 할 수 있는 가장 쉬운 방법은 바로 문화예술을 통한 교류였기 때문이다. 실제 북한은 다른 영역과는 달리 문화예술계에는 관대한 면이 있었다. 마침 당시 국내에서는 뉴서울 오페라단의 〈아, 고구려 고구려

광개토호태왕〉 뮤지컬이 좋은 반응을 얻고 있었다. 다른 것도 아니고 우리 역사와 관련된 공연이라면 북측에서도 마다할 이유가 없을 것 같아 뉴서울 오페라단의 단장 홍지원 씨와 평양 공연에 대한 협의를 하고 곧바로 정재계 인사들과 방북 교류를 추진했다.

2005년은 광복 60돌, 그리고 6·15 남북공동선언 5주년이라는 의미 있는 해였기 때문에 북측에 방북 제의를 꺼내기도 쉬웠다.

당시는 북한과의 관계가 좋을 때였기 때문에 우리의 요청은 큰 어려움 없이 받아들여졌다. 뉴서울 오페라단원을 포함해서 방북 인원은 150명 정도 되었는데 전세기를 빌려서 중국을 거쳐 평양으로 갔다. 준비한 뮤지컬 공연은 성공적으로 마쳤고, 이후 우리는 묘향산에 있는 김일성·김정일 부자의 기념전시관을 구경했다. 그곳에는 김일성·김정일 부자가 외국의 귀빈들에게 받은 선물들이 전시되어 있었는데 그 규모가 엄청났다.

평양 방문에서 가장 기억에 남는 것은 능라도 경기장에서 펼쳐진 예술 공연과 카드섹션이었다. 운동장에서는 한복을 입은 북한 주민들이 공연을 펼치고 있고 관중석에서는 수만 명이 넘는 북한 주민들이 카드섹션을 펼쳤는데 그 일치된 모습에 너무 놀랐다. 완벽함에 대한 놀람, 그런 모습을 만들어내기 위해 고생했을 사람들의 노고에 대한 측은한 마음이 복합적으로 오고갔다. 무엇보다 능라도 경기장은 보통의 관중석들과 달리 거의 90도에 가까

울 만큼 경사가 가파른데 그곳에 앉아 있는 아이들 중에는 대여
섯 살정도밖에 안 되어 보이는 어린 아이들도 있어서 마음이 참
무거웠다. 통일의 의지를 더욱 다지는 계기도 되었다.

물론 통일이라는 것이 하루아침에 이루어지리라고는 생각하지
않는다. 또 그렇게 되어서도 안 된다고 생각한다. 그러나 통일은
반드시 이루어져야 할 우리 민족의 절체절명의 과제이기 때문에
지금부터라도 조금씩 통일을 맞이할 준비를 해야 한다고 믿는다.

유럽의 최고 석학이자 프랑스의 미래학자인 자크 아탈리는
오는 2050년경이면 한국이 세계 최강국의 반열에 끼게 될 것이
라고 제시한 바 있다. 그러나 한국의 낮은 출생률과 북한의 갑작
스런 체제 붕괴에 따른 감당할 수 없는 통일 비용이 한국이 최강
국으로 가는 데 있어서 걸림돌이 될 수 있다는 점도 함께 지적했
다. 무슨 일이든 준비를 해야지 막상 일이 터졌을 때 당황하지
않고 슬기롭게 헤쳐나갈 수 있듯이 통일도 마찬가지라고 생각
한다.

나는 북한이 전쟁을 일으키지 않는다는 약속만 확실히 지켜준
다면 북한에 도로도 넓혀주고 고속전철도 놓아줬으면 좋겠다.
언젠가는 통일이 돼야 한다. 그러니 미리 미리 기반 시설들을 건
설해놓고 통일 후에 연결만 하게 만들면 좋을 것 같다. 그렇게
평소 상호 신뢰를 쌓아놓으면 통일이 되어서도 이질감 없이 자
연스럽게 한민족 공동운명체로서 잘살 수 있지 않을까?

갑자기 통일이 되어 많은 혼란을 겪은 독일의 교훈을 생각하면서 우리나라는 멀리 보며 차근차근 준비를 해서 통일이 되어도 어떠한 동요나 피해 없이 잘 헤쳐갔으면 좋겠다.

물론 나의 이러한 이상적인 생각이 현실에서 쉽게 이루어지리라 생각하지는 않는다. 그러나 적어도 우리 국민들 사이에서 통일이 왜 필요한가 반문하는 사람은 없었으면 좋겠다. 앞서도 말했지만 통일은 우리나라가 선진국이 되기 위한 필요충분조건이고 우리 민족은 반만년의 역사를 지켜온 자랑스러운 민족이기 때문이다.

굳은 믿음이
바위를 뚫는다

한국전기안전공사의 사장 자리를 제의받았을 때의 첫 느낌은 '뭐? 나를 그렇게 작은 회사로 보내겠다고?' 하는 불쾌감과 실망감이었다. 당시 내 심경은 한국전력공사 같은 큰 회사를 맡겨도 서운할 지경이었는데 직원 3천 명인 작은 회사의 사장이라니 나를 무시하는 게 아니냐는 생각도 들었다.

하지만 이내 생각을 바꿨다. 전문경영인도 아니고, 내가 잘하는 정치를 하는 것도 아닌데, 큰 곳에서 문제가 생기는 것보다 작은 곳이라도 내실을 기해 더 큰 일로 나아가야 하지 않을까 하는 생각을 했다. 주변에서도 이 기회에 공기업에서 일해보는 것도 나쁘지 않을 것 같다고 말했다.

이런 조언과 3년의 임기란 말이 내 마음을 움직였다.

'3년 동안 열심히 일하며 내 능력을 발휘해보자. 그래서 역대 공기업 사장 중에서 제일 잘했다는 말을 들어보자.'

그때 나를 지켜준 것은 '신념통암(信念通巖)'이라는 말이었다. 신념, 즉 굳은 생각이 바위를 뚫는다는 말로 평소 내가 자주 되뇌는 말이다. 어떤 상황에도 흔들림 없이 굳건한 생각은 단단한 바위도 뚫을 수 있을 만큼 강하다. 그러니 내가 강한 의지로 이곳에서 열심히 능력을 발휘하면 많은 사람들이 나의 진정한 가치를 알아줄 것이라 생각했다.

그런 의지로 첫 출근을 하고 2~3일 정도가 지나자 기획처장이 회사에 대한 전반적인 보고를 하러 들어왔다. 보고를 들어보니 회사 상황이 말할 수 없이 심각했다. 가뜩이나 마음이 편치 않은 직장인데 생각보다 훨씬 더 어려운 회사라는 사실을 알고 나니 한마디로 갑갑하다는 생각이 밀려들었다.

기획처장의 말을 한 문장으로 정리하면 '600억 원 적자에 정부 예산은 팍팍하다. 매달 은행 빚 갚기도 바쁘다'라는 것이었다.

와서 보니 누구라도 피하고 싶은 자리였고, 분위기를 파악해보니 공기업인데도 심지어 '신이 버린 직장'이라는 말까지 나돌았다. 많은 사람들이 공기업이라고 하면 '신이 내린 직장'이라고 생각하는 것을 비웃기라도 하듯 생각보다 훨씬 심각한 상황이었다.

솔직히 말해 공천 탈락 후 자리를 옮겨 온 곳이었기 때문에 아직 개인적인 상처도 아물지 않았는데 회사의 이런 사정을 듣고 보니 왜 내 어깨에 이런 무거운 짐이 얹혔는지 운명이 원망스럽기도 했다. 그렇다고 포기할 수는 없었다. 뭐든 하긴 해야 할 것 같은데 도대체 어디서부터 시작해야 할지 앞이 캄캄했다.

하지만 나는 이내 마음을 다잡고 어려울수록 더 크게 생각해야 한다는 평소의 신념처럼 한 가지를 마음에 새겼다.

바로 '내 임기를 마칠 때 잘했다는 소리를 듣겠다는 것'이다. 무릇 무장은 '갑옷을 입을 때 자랑하는 것이 아니라, 갑옷을 벗을 때 자랑하는 법이다'라는 말도 있듯이 임기 중에 최선을 다해 좋은 성과를 이뤄내겠다는 각오였다.

여기에 중고등학교 시절 몸담았던 MRA-도덕재무장 운동의 한국 본부를 이끄시던 정준 선생의 가르침을 더했다.

'깨끗하게 살고, 멀리 보고 크게 보면 성공한다.'

나는 평소 존경하던 정준 선생의 이 가르침이 공기업의 사장으로 부임한 내게 꼭 맞는 행동지침이라고 생각했다. 더구나 나는 어린 시절부터 이런 마음으로 평소 모든 일을 길게 보고 행해야지 단기적인 성과에 치우치면 좋은 결과를 얻을 수 없다는 행동철학을 갖고 있었기에 더 주저할 것이 없었다.

나는 임원들을 모아놓고 과감히 선언했다.

"두고 보시오. 내 3년 임기 마치고 나갈 때 잘했다는 소리 듣고 나가겠소."

임원들 앞에서 큰 소리로 호언장담하면서 내 자신의 마음을
더 다잡았음은 물론이다.

먼 길일수록 함께 갈 수 있는
동반자를 만들어라

마음을 다진 후 처음으로 한 일은 소위 '포석을 까는 일'이다.
무릇 큰일은 혼자서 할 수 없다. 뜻이 맞는 사람과 함께 해야 하
는 법이다. 나는 아는 사람 하나 없는 전기안전공사에서 함께 뜻
을 세우고 일할 사람을 발굴해야 했다. 지금 당장 성과를 내는
것보다 중요한 것은 내가 몸담고 있는 3년 임기, 그리고 내가 회
사를 떠난 뒤에도 회사를 건실하게 유지하고 회사의 풍토를 바
르게 세울 수 있는 사람을 찾는 일이었다.

우선 나는 내 옆에서 바른 말, 곧은 말을 해줄 수 있는 비서실
장과 어떤 유혹이나 감언이설에도 넘어가지 않을 인사실장을 찾
았다. 사장을 똑바로 세워주고 직원을 똑바로 발굴해줄 이 두 사
람을 찾는 일은 그리 어렵지 않았다. 나는 또한 홍보실장을 세우
는 데에도 심혈을 기울였다. 우리 회사가 하는 일 가운데 전기안
전진단도 중요하지만 전기안전에 대한 대국민 홍보를 하는 것도
주요 임무였기 때문이다.

능력이 출중한 직원을 물색하는 데에 한 가지 원칙이 있었다. '절대로 오해를 살 만한 사람을 들이지 않는다'는 것이었다. 그래서 나와 전혀 인맥이 없는 사람, 학연도 다르고, 지연도 없는 사람, 직원들에게 일 잘한다는 객관적인 평가를 받는 사람, 사장인 나에게도 아닌 것은 아니다 라고 말할 수 있는 사람을 찾았다.

다행이 회사 내부에서 이런 직원들을 찾아 특진의 기회를 줄 수 있었다. 상황이 이렇게 되니 직원들의 눈빛과 행동이 바뀌었다.

'이번 사장은 지연, 학연을 따지지 않고 일 잘하는 사람에게 기회를 주는구나. 열심히 한번 해봐야겠다'고 다들 마음을 다지는 것 같았다.

바둑을 보면 대국에서 승리를 거두기 위해서는 초기에 어떻게 포석을 까느냐가 중요하다. 조직에서도 마찬가지다. 어떤 인재를 등용하고, 훌륭한 인재에게 적합한 자리를 맡기는 것이야말로 조직에서 가장 중요한 포석을 까는 일이다.

어떤 일이든 혼자 할 수 없다. 옛말에 '빨리 가려면 혼자 가고, 멀리 가려면 함께 가라'고 했다. 부하직원이든, 친구든, 좋은 사람을 선별하고 그들에게 전적인 신뢰를 보내는 것은 또 다른 나를 키우는 일이기 때문이다. 믿고 맡기면 사람들은 더 잘하려고 노력하게 마련이다. 모두가 힘을 합해 자신을 위해 일함으로써 또 나를 위해 일하는 사람들을 얻는 셈이니 인재 등용에 힘을 쓰는 것은 대단히 중요한 일이다.

2장

원칙은 단호하게,
도전은 열정적으로

새마을호를
가장 많이 탄 국회의원

1998년 봄 무렵 철도청에서 내가 국회의원 중에서 열차를 가장 많이 탄 의원으로 선정되었다며 철도청 사외보인 〈레일로드〉의 표지 모델을 해달라는 연락이 왔다.

그게 뭐가 중요하냐며 의아해하는 내게 담당자는 이렇게 말했다. "전국의 국회의원들이 열차를 몇 번이나 탔는지를 보면 누가 가장 지역구 방문을 많이 했는지 알 수 있는 지표가 됩니다."

듣고 보니 상당히 의미가 있고, 내가 〈레일로드〉의 표지 모델이 되면 지역 주민들도 관심을 갖고 흥미로워할 것 같아 기꺼이 표지 촬영에 응했다. 국회의원에게는 전국의 모든 열차를 무료로 탈 수 있는 편의가 주어진다. 대신 열차를 탈 때마다 승차 기록이 남기 때문에 지역구에 몇 번이나 방문했는지를 확인할 수 있고, 그것으로 지역구의 발전을 위해 얼마나 열심히 뛰었는지를 가늠하는 증거를 삼을 수 있다.

1996년, 꿈에 그리던 국회의원이 된 나는 그 사실이 너무 기쁘고, 지역민들에게 감사하는 마음도 커서 거의 매주 김천에 내려갔다. 얼굴이 커피색이 될 정도로 까맣게 타도록 열심히 다녔다. 원래 내 피부는 하얀 편인데 여름이 가고 가을이 가도 까맣게 탄 피부색은 돌아올 기미를 보이지 않았다. 그나마 햇빛이 약한 겨울이 지나면 겨우 제 피부색으로 돌아왔다. 하지만 다시 봄이 되면 내 피부는 검게 그을렸고, 여름, 가을을 지나면 또 다시 커피색 피부가 되는 일이 매년 주기적으로 반복되었다.

요즘에 와서야 알게 된 사실인데 자외선 차단 효과가 있는 선크림을 바르면 얼굴이 새까맣게 타는 것을 방지할 수 있다고 한다. "그걸 진즉에 알았으면 그렇게까지 새까만 얼굴로 다니지 않아도 되었을 텐데……" 하며 웃은 기억이 난다. 그래도 검게 그을린 내 얼굴이 지역에 대한 내 사랑의 징표인 것 같아 그것만으로도 흐뭇했던 기억을 소중하게 간직하고 있다.

지역 주민들도 나의 그런 노력을 알아주었으니 두 번, 세 번 나를 국회의원으로 뽑아준 것이 아닐까 생각하고는 한다. 솔직히 재선 때는 압승이란 말이 어울릴 정도로 8 대 2 비율로 표차가 났다. 몸도 마음도 소진되지 않았다. 다들 히말라야 원정하듯

사생결단을 내며 선거에 임하면서 물질적, 심적, 체력적으로도 많이 소진되는 것에 비하면 나는 뒷동산 오르는 것처럼 부담 없이 가뿐한 마음으로 선거에 임할 수 있었다.

하지만 삼선 때는 달랐다. 평소 친분이 두터웠던 김천고등학교의 한 해 후배가 경쟁 후보로 출마를 해서 매우 난처한 상황에 처한 것이다. 서울대 법대를 졸업하고 부장판사까지 지낸 데다 재력까지 갖춘 후배의 출마에 난 긴장하지 않을 수 없었다.

무엇보다 안타까웠던 것은 치열한 선거전 와중에 후배가 나에 대한 중상모략으로 선거판을 이끌었다는 사실이었다. 그러면서 지역의 유지를 비롯한 몇몇 지지자들이 떨어져 나가는 모습도 보았다. 그래서 무척이나 괴롭고 마음 고생이 심한 선거전이었는데 막상 선거 당일 뚜껑을 열어보니 7 대 3으로 압승을 거뒀다. 비록 후배 쪽으로 마음을 바꾼 지지자들이 있었지만 대부분의 김천 시민이 나에 대한 믿음을 지켜주었다는 데 너무 고맙고 기뻤다.

그리고 다시금 지역구 국회의원에게 가장 중요한 일은 지역을 돌보는 일이며 지역의 현안을 시원하게 해결해주는 것이라는 사실을 확인했다. 그래서 나는 〈레일로드〉 표지 모델로 선 내가 참 자랑스럽고 좋았다. 그만큼 더 많이, 더 자주 지역민들과 만나는 일의 중요성을 알고, 스스로 그렇게 하고 있다는 자긍심은 심기일전하기에 충분할 만큼 큰 힘을 주었다. 아무리 유명한 정치인이라도 지역구를 등한시하면 지역민들의 홀대를 받는 법이다.

언제나 가장 기본적인 것에
가장 큰 관심을 기울여라

국회의원에게 있어서 지역구는 논밭이요 공장이다. 농산물은 논과 밭에서 나오고 제품은 공장에서 나오듯이 국회의원이 그 지역에서 자리를 지키려면 항상 지역구 관리에 힘을 써야 한다. 지역구를 자주 방문해서 지역민들의 여론도 수렴하고 그 의견들을 정책에 반영해서 법안을 마련하는 것이 국회의원의 역할이다. 지역민들이 해결하기 어려운 지역의 현안을 해결하라고 뽑아놓은 국회의원이니 그것에 최선을 다하는 것은 의무이자 권한이라고 생각한다. 그러니 지역구를 나 몰라라 하는 것은 정치를 포기하는 것이나 마찬가지가 아닐까 싶다. 그만큼 가장 기본이 되는 것에 더 많은 관심을 기울여야 한다는 의미이다.

세상의 모든 일이 그러하다. 씨를 뿌리고 열매를 거둘 때가지 농부가 한 순간도 논밭에서 관심을 거두지 않고 비가 오면 물꼬를 내고, 바람이 불면 가지를 메고, 잡초가 우거지면 제초를 하듯 기본이 되는 것에 언제나 세심하게 관심을 기울여서 필요한 일을 해야 한다.

국회의원도 끊임없이 지역을 향한 관심을 놓지 않고, 지켜보고 필요할 때마다 적합한 일을 해야 한다. 그렇기에 국회의원으로 일하는 동안 내 사명은 '나의 모든 에너지를 지역 발전에 쓰는 것'으로 정했다. 그것이 내가 지켜가야 할 첫 번째 원칙이었다.

내가 지역에서 발견한 가장 큰 어려움은 교통에 대한 부분이었다. 김천이 발전하기 위해서는 반드시 지역을 둘러싼 모든 도로를 넓혀야 한다고 파악했다. 그래서 국회에 입성한 뒤로 그 일에 주력했다. 그런 노력이 가시적인 성과를 내고 실질적으로 일을 추진할 수 있었던 것은 앞서 이야기한 것처럼 재선 때부터였다. 재선 때 건설교통위원회의 간사로 활동하면서 김천의 발전을 앞당길 수 있는 유리한 고지를 선점했기 때문이다.

당시 비포장도로 일색이던 김천이 지금은 김천을 중심으로 모든 국도와 고속도로가 확장되거나 새롭게 건설되었는데, 그중에서도 영동 – 김천 – 구미 간 고속도로는 김천의 숙원사업이었다. 6차선에 걸친 도로를 건설하는 데에만 수천억 원이 들었으니 엄청난 사업이었다. 그리고 결과적으로 이런 기반시설 덕분에 KTX의 김천역사 유치도 가능했다.

지금 생각해도 내가 건설교통위원회 간사가 되었던 것은 천운이었다. 그런 행운이 찾아오지 않았다면 이런 대공사를 이루긴 어려웠을 것이다. 그래서 늘 그 시절에 대해 감사하고 있다. 건교위에 들어가기 위한 사투와도 같았던 과정 끝에 내려준 선물 같다는 생각도 참 많이 했다. 정말 고마웠던 것은 당시 장관이며 차관까지 모두 내게 직접 찾아와 "뭐 어려운 일 없냐"고 물으며 도와주려고 했다는 것이다. 나의 의지와 많은 이들의 도움으로 오늘의 김천을 만들어냈다는 것은 일생 동안 가장 잘한 일이고, 보람된 일이기도 하다.

내 고향, 내 인생의 터전에서
다시 꾸는 꿈

　더불어 내게 또 다른 꿈이 생겼다. 이제 김천이 사통팔달로 교통도 좋아졌고 KTX 역사도 들어섰으니 앞으로 남은 일은 자립할 수 있는 김천, 활기찬 김천을 만드는 일이다. 요즘 김천에 내려가 보면 참으로 마음이 아프다. 도시 자체가 노후되어 시민들이 쾌적한 생활을 하는 데 어려움이 있고 특히 상가나 재래시장이 활성화되지 않아 생활고를 겪는 시민들도 적지 않다. 전체적으로 인구가 줄어들고 있는데다 젊은 사람들이 대부분 대도시로 떠나버려서 도시가 고령화되면서 정체되어 있다. 말 그대로 도시로서의 기능을 점점 상실하고 있는 것이 눈에 보일 정도이다.
　이런 문제를 해결하려면 대기업의 부품 공장 같은 것을 유치하여 도시 자체가 젊어지도록 유도해야 한다. 그래서 주거와 편의시설은 물론 문화와 교육 시설이 추가되어 노후 도시에서 신도시로 회춘하는 김천이 만들어져야 한다. 김천의 도시 재생 사업은 단순히 겉모습만 바꾸는 것이 아니라 사람들을 모이게 하고 삶의 질을 높여 경쟁력 있는 도시를 만드는 것이다. 노후화된 도시를 재개발하는 도시 재생 사업은 도시 기능이 저하된 김천에 새로운 활력을 불어넣어줄 것이라 믿는다.

나는 김천이 좀 더 젊어지고 인구가 많아지면 좋은 학교도 들어올 것이고, 큰 회사들의 일자리도 많아지리라 생각한다. 예컨대 포항과 구미만 봐도 이 도시들은 김천보다 훨씬 늦게 조성되었지만 인구가 많으니까 외국어고등학교도 설립되고, 서울대에 진학하는 학생들도 많아졌다. 좋은 대학을 유치하기도 하고, 대기업의 생산 시설을 유치하기도 했다.

김천도 이제 구미 못지않게 교통이 좋아져서 어디서든 접근이 용이해졌고, KTX 역사가 들어선 교통도시로 부상했으니 가능한 일이라고 생각한다. 그렇게 했을 때 김천의 경제가 활성화될 것이고, 김천 시민들이 먹고 사는 데 모자람이 없이 최대한 행복을 많이 누리며 살 수 있게 될 것이다. 나는 그러기를 소망한다.

젊은 김천, 역동적인 김천을 만드는 사업은 더 이상 미룰 수 없는 과제이며 김천 시민의 행복과 직결이 되어 있다.

지난 3년 동안 공기업의 사장으로 일하느라 김천을 떠나 있으면서 내 가슴 속에는 항상 '김천' 하면 떠오르는 애잔함이 있었다. 눈물이 날 것처럼 그리운 내 고향 김천에 새바람이 일어나길 기대하고 있다.

"아무리 그래도 탈당할 수는 없습니다"

국회에서 위원장직을 세 개나 맡아 각계 인사들과의 친분도 두터워지고 지역의 현안도 큰 어려움 없이 해결해나가던 삼선 의원 시절, 나는 그야말로 고공행진을 하며 성공가도를 달리고 있었다. 이대로만 해나가면 사선에 원내대표가 되고 오선에 국회의장이 되는 것이 수순이라 여겨졌다. 사선 의원이 되어 원내대표가 되면 전국적으로 이름도 알려질 것이고, 바른 정치를 펴나가면 국민들에게 사랑받고 인정받는 유능한 정치인이 될 수 있을 것 같았다.

더구나 국회에서 사선 의원, 오선 의원은 손가락에 꼽을 정도로 그 수가 적기 때문에 정당이나 국회에서 인정을 받을 뿐 아니라 발언권도 상대적으로 강해진다. 삼선까지는 지역에서만 유명 인사이지만 사선, 오선이 되면 전국적으로 주목받는 정치인이 되는 것이다.

한편 사선, 오선 의원의 수가 손가락에 꼽을 정도로 적다는 것은 국회의원이 연임되기가 그만큼 어렵다는 말이기도 하다. 그러나 나는 믿는 구석이 있었다. 앞서 이야기한 것처럼 1996년 정해창 전 법무장관을 누르고 초선의원으로 국회에 입성한 이후, 2000년과 2004년 두 차례의 국회의원 선거가 더 있었지만, 나는 두 번 모두 압도적인 표차로 승리를 했다. 또한 모든 지역구 의원 여론조사에서도 항상 1, 2위를 달리고 있었기 때문에 나는 사선 의원으로 국회에 재입성하는 것에 대해 추호도 의심하지 않았다.

그 어떤 청천벽력에도
자신의 소신을 굽히지 말라

18대 국회의원 선거를 한 달여 앞둔 2008년 3월 13일, 한나라당 공천심사위원회로부터 이미 공천 확정에 대한 확답을 받은 나는 편안한 마음으로 선거준비를 계속 하고 있었다. 그때까지도 나에 대한 지역민들의 성원과 사랑은 식지 않고 있었기에 나는 당선에 대한 확신을 가지고 있었다.

그런데 저녁 8시쯤 공천 심사에 관계하고 있던 한나라당의 지인으로부터 전화가 걸려왔다. 어이없게도 공천을 받지 못했다는 것이다.

나는 그럴 리가 없다고 생각했다. 불과 몇 시간 전인 오후 4시경에 이미 전화 통화로 나의 공천 확정을 재확인했었기 때문이다.

"임 의원뿐만 아니라 영남의 삼선 이상 의원들은 박근혜 의원만 빼고 다 날아갔다고 보면 되네."

그때부터 여기저기서 전화가 오기 시작했다. TV에서 영남지역의 한나라당 공천파동에 대한 뉴스기사가 나오고 있는데 도대체 어떻게 된 거냐며 걱정하는 목소리였다. 그때의 심경은 말로 표현할 수 없을 정도로 충격이었다. 나뿐만 아니라 집사람을 비롯한 가족들도 큰 충격에 빠졌다.

'아, 이것이 꿈이 아니라 현실이구나. 청천벽력이라는 것이 바로 이런 것이로구나.'

믿을 수 없는 현실 속에서 머릿속이 아득하고 하얘지면서 아무리 정신을 바짝 차리려고 해도 주체가 되지 않았다.

3·13 공천파동은 이명박 대통령 당선 이후 한나라당 내부에서 소위 친이, 친박계로 분류되는 현역 국회의원들을 전국적으로 '물갈이'한다는 명목 하에 진행된 그야말로 밀실 정치, 야합 정치의 대표적인 전형이었다.

당헌과 당규는 철저히 무시되었고, 지역민들의 의견은 무시된 채 당권과 대권 간의 분리도 이루어지지 않았다. 그야말로 한반도 지도를 그려놓고 청와대에서 '여기는 친이, 여기는 친박' 하는 식으로 지역 안배에만 정신을 쏟다 보니 인물도 보지 않고 심지어 출신도 보지 않는 어처구니없는 일이 벌어졌다. 오죽하면 대구 지역 경선 후보 1차 서류 심사에서 3위에도 끼지 못했던 이철우 부지사가 김천에서 공천을 받는 어의없는 일이 다 벌어졌을까. 이는 김천 시민을 무시해도 이만 저만 무시하는 태도가 아니고, 원칙이 없어도 이만저만 없는 것이 아닌, 정말 기가 막힌 처사라고 밖에 달리 할 말이 없었다.

당시 청와대 관계자조차 "한나라당 경선 때 캠프에서 공동선대위원장을 맡았던 박희태 의원을 포함해 권철현, 권오을 의원 등 친 이명박계 의원들이 대거 탈락한 것에 대해 충격을 금할 수 없다"라는 말을 전할 정도였다.

나 역시 한나라당 당원의 한 사람으로서 그리고 지역구 국회의원의 한사람으로서 대통령을 당선시키기 위해 내가 가진 모든 시간과 에너지는 물론이고, 온 마음을 다해 선거에 매진했기에 그 배신감은 이루 말할 수조차 없었다. 내 모든 것을 동원해 선거운동을 도왔건만 돌아온 것은 공천 탈락이라는 냉정한 칼날이었으니 아마 내가 조금만 마음 약한 사람이었으면 벌써 쓰러졌거나 정계를 떠났을지도 모른다.

충격도 잠시, 다음날부터 당의 결정에 반발하는 한나라당 의원들의 무더기 탈당이 이어졌다. 탈당 의원들 대부분은 무소속 출마 의사를 밝혔다. 그리고 그들 의원 대부분은 총선에서 승리를 했고, 그렇게 국회 재입성에 성공한 의원들은 의기양양한 모습으로 다시 한나라당으로 재입당을 했다.

공천파동 이후 탈당, 선거 출마, 당선, 재입당으로 이어지는 일련의 과정들을 지켜보며 공천파동의 희생양 중 한 사람이었던 내 마음은 결코 편하지 않았다.

솔직히 수많은 지지자들이 내게 탈당을 권유했고, 분명 탈당을 해서 선거에 출마했으면 나 역시 그들처럼 국회에 재입성할 수 있었을 것이다. 그리고 지금쯤 사선 의원으로서 당의 주요 직책을 맡으며 정치인생을 화려하게 장식하고 있었을 것이다. 그러면서 '내 인생에 실패는 없다'라는 말을 자랑처럼 하고 다녔을지도 모른다.

하지만 나는 탈당하지 않았다. 덕분에 내 인생 최고의 패배를 겪었고 좌절감, 실망감, 자괴감 등 인간으로서 맛볼 수 있는 최악의 상황까지 내몰려도 보았다.

그래도 나는 탈당하지 않았다. 내가 탈당을 하지 않은 이유는 분명했다. 당원이라면 당의 결정을 따라야 하고, 공천 한 번 탈락했다고 전부 탈당을 하면 정당이라는 것이 존재하기 힘들다는 소신 때문이었다. 탈당은 큰 유혹이었지만 늘 원칙을 지키며 살아왔던 나를 넘어뜨리지는 못했다. 나는 원칙을 지켰다. 그리고 지금도 탈당하지 않고 당에 남은 것에 대해 후회하지 않는다.

물론 당시는 죽고 싶을 정도로 괴로웠지만 긴 시간이 지나고 보니 '긴 정치인생에서 공천 한번 탈락할 수도 있고 선거 한 번 떨어질 수도 있는 거지' 하는 배포도 생겼다. 또 정계 밖에서 공기업 CEO로 살면서 현실을 좀 더 정확하게 직시할 수 있는 넓은 안목도 더 넓어졌다.

하지만 다음에 또 다시 이런 일이 생긴다면 나는 그때는 주저하지 않고 탈당할 것이다. 당원으로서 당에 충성하고 당의 뜻을 받들어주는 사람을 한 번도 아니고 두 번이나 내치면 그때는 떠날 수밖에 없다고 생각하기 때문이다. 무엇보다 정치가 바로서기 위해서 그래야 한다고 생각한다.

신사답게 기다리며 당의 뜻을 받든 사람은 피해를 보고, 철새처럼 당을 떠난 사람들이 의기양양하게 어깨를 펴고 다니는 대한민국의 정치 현실 안에서는 절대로 정치가 바로 설 수 없다고 믿는다.

어려운 때일수록
나를 담금질하는 시간으로 만들어라

시간이 약이라고 했던가? 당시의 충격도 조금씩 옅어지고 마음의 안정을 찾는 데까지 약 2년이라는 시간이 걸렸다. 그리고 다시 선거를 준비하는 지금에 와서는 오히려 그때의 시련이 큰 경험이자 자산이 되어주고 있다.

이제는 다시 공천에서 탈락되어도 놀라지 않을 것 같다. 그저 내 부덕의 소치라고 생각하고 묵묵히 다음 행보를 준비해나갈 것이다. 당시는 수많은 고민으로 밤도 지새고 괴로워했지만 시간이 지나면서 내 마음은 더욱 강하게 무장되었고, 그러한 시련의 시간들이 결국은 더 강한 나를 위한 담금질의 시간이었음을 알았다.

옛말에 보검은 담금질을 거친 후에 더욱 강해지고, 매화 향은 추위를 견딘 후에 더욱 향기로워진다고 했다.

만약 내가 그때 무리 없이 공천을 받아서 사선 의원이 되고 이번 총선에서 오선에 도전한다면 나의 경쟁 후보는 분명 나를 고인 물이니, 썩은 물이니 하며 인신공격을 했을지도 모른다. 하지만 나는 고이지도 않았고 썩지도 않았다. 오히려 더 유유히 흘러왔고 더 맑고 깨끗해졌다.

정치인생만 걷다가 공기업의 사장이 되어 회사 경영도 해보았고, 대학원 강의를 나가며 한 시간 강의 준비를 위해 세 시간, 네 시간 공부하며 그간 소홀했던 공부도 실컷 해보았다.

본래 정치란 시공을 초월할 정도로 광범위한 분야에서 이루어질 뿐 아니라 무엇보다 자신과 뜻이 맞는 사람들을 얻고, 그 힘을 하나로 모으는 예술이라 할 수 있다. 그리고 이런 면에서 보면 나는 지난 4년 동안 국회의원은 아니었지만 그 어느 때보다 더 열심히 정치를 해왔던 것 같다.

회사 일을 위해 수많은 사람들을 만나며 국회의원 시절보다 더 알차게 시간을 보낼 수 있었고 정치 일선에서 물러나 대학 강의를 나가며 가르침을 통해 다시 배우는 소중한 시간도 가졌다.

공기업 사장으로서 회사 일에 매진하기 위해 지난 3년 동안은 지역에 내려가진 않았지만 나의 촉각은 항상 김천을 향해 있었고, 김천에 대한 나의 사랑도 재확인할 수 있었다.

정치도 인생과 닮아 있어서 정치를 하다 보면 때론 피해를 보기도 하고, 세력 싸움에 희생양이 되기도 하고, 다시 회생할 수 있기도 하다. 결국 정치권에서 살아남는 길은 어떤 음해에도 흔들리지 않고 바른 정치인이 되기 위해 혼신의 노력을 다하는 것뿐이라고 생각한다.

두려움 없이 도전하라
- 원내대표 경선 출마 이야기

2002년 5월, 재선의원 시절 원내대표 경선에 출마한 적이 있었다. 지금 생각해도 대단한 용기였다. 겨우 재선의 40대 국회의원이 당내 제 2인자의 자리에 도전했으니 말이다.

젊은 나이와 짧은 경륜에도 불구하고 경선에 출마한 까닭은 내 나름의 문제의식 때문이었다. 나는 당시 한나라당이 여당 의식에서 벗어나지 못하고, 대여 투쟁에서도 지나치게 나약하다고 생각했다. 이를 바꾸려면 단순한 제도의 개선만으로는 부족했다. 한나라당의 수구 이미지를 버리고, 변화와 개혁에 발맞추려면 그에 걸맞은 젊고 역동적인 40대가 전면에 나서야 한다고 생각했기에 출마한 것이다.

출마 당시 나의 캐치프레이즈였던 '강한 한나라당, 강한 원내 총무' 는 이런 의지의 발현이었다. 당시 경선에 참가한 다른 의원들의 면면을 보면 그야말로 막강 군단이었다. 이규택, 안택수, 맹형규, 김문수 의원이 모두 경쟁 후보였으니 자타가 공인하는 쟁쟁한 멤버들이었다.

원내대표는 흔히 '원내 사령탑' 혹은 '야전 사령관'으로 불린다. 그만큼 권한과 책임이 막강하다. 국회 내에서 자당 소속 의원들을 통솔하고, 타당 대표와 공식적인 접촉을 통해 의사(議事)에 관계된 일체의 사무를 관장하는 것이 원내대표의 역할이다. 또 소속 의원들이 원내 활동을 펼치는 데 있어 당 방침과 규율 유지를 위한 행동 통일을 기하고, 의원들의 발언·질의·토론의 순서를 조정 또는 결정하며, 출석과 동원을 독려·확보하는 등 가히 한 정당의 실세 중의 실세라고 할 수 있다. 그래서 사정을 잘 아는 사람들은 원내대표야말로 '국회의원의 꽃'이라고 말한다.

이러한 원내대표의 자리에 당당히 도전했지만 결과는 낙선이었다. 선거에 졌지만 25표를 획득하면서 3위를 했다. 나는 최연소 후보로서 최선을 다했고, 내 경력과 나이에 비해 득표 성적도 상당히 좋았기 때문에 후회는 없었다. 기라성 같은 후보자들 가운데 내가 그만한 성적을 거둘 줄은 아무도 예상하지 못했기 때문에 당시 언론에서도 한동안 화제가 되기도 했다.

이처럼 모두의 예상을 뒤엎고 좋은 성적을 거둔 덕분에 나는 한나라당 원내수석부대표에 선임되는 행운을 얻었다. 원내수석부대표 역시 권한과 책임이 막강한 자리이다. 원내대표를 보좌해 국회의원들의 외유, 상임위원회 분배, 특별위원회 배정 등을 실질적으로 관장하는 자리이기 때문이다.

나는 이규택 원내대표를 도와 열심히 원내수석부대표 역할을 수행했다. 그렇게 1년이 지나고 2003년 6월이 되었다. 그때 다시 원내대표 경선이 있었는데 나는 또 다시 경선에 도전장을 내밀었다. 이번의 경쟁 상대 역시 지난번에 비해 조금도 뒤지지 않았다. 오히려 더욱 막강해졌다. 국회부의장까지 지낸 오선 의원인 홍사덕 의원, 지난 경선에서 2위를 차지한 안택수 의원, 삼선 의원으로 지금은 안타깝게도 고인이 된 박주천 의원이 나의 경쟁 상대였다. 투표 결과 홍사덕 의원이 52표으로 당선되었고, 나는 31표를 얻었다. 이번 역시 낙선이었지만 여전히 적지 않은 표를 얻은 나는 앞으로 언젠가 기회가 주어진다면 다시 한 번 원내대표에 도전해봐야겠다는 용기를 얻었다.

돌이켜보면 나는 실패보다는 성공에 익숙한 행복한 정치인이다. 정치에 입문할 때도 단 한 번의 도전으로 국회의원이 되었고, 이후 멈추지 않고 삼선을 이루는 탄탄대로를 달렸으니 말이다. 그뿐인가, 국회에 들어와서도 중요한 직책을 두루 거쳤지만 언론이나 세간의 입방아에 오르지 않고 비교적 순탄한 인생을 살아왔다. 비록 사선 도전에서 공천 탈락이라는 예상 못한 복병을 만나기는 했지만 이 역시 긴 정치인생에서 보면 좋은 경험이 되었다고 생각한다.

'승자는 많이 배우고 패자는 더 많이 배운다'는 말이 있다. 실제 두 번에 걸친 원내대표 경선 도전과 실패의 과정에서 나는 많은 교훈을 얻을 수 있었다. 우선 원내에서나 원외에서나 신뢰가 가장 큰 자산이라는 것을 절감했다. 원내대표나 원내수석부대표 모두 내 나이와 경력에 비해 과분한 자리임에도 불구하고 예상 외로 많은 득표를 하자, 그래도 내가 동료 의원들 사이에서 인심을 잃지는 않았구나 하는 안도의 마음이 생겼는가 하면 앞으로 더욱 매사에 성실한 자세로 임해야겠다는 다짐도 했다.

또 하나의 교훈은 권력은 남이 가져다주는 것이 아니라 스스로 쟁취해야 한다는 것이다. 내가 수석부대표가 될 수 있었던 것은 용기 있게 원내대표에 도전해서 많은 득표를 얻었기 때문이다.

누구도 나를 대신해주지 않는다

목표는 가만히 앉아서 얻을 수 있는 것이 아니다. 남이 만들어주지도 않는다. 진정 원하는 것은 스스로 노력해서 획득할 때 온전한 내 것이 될 수 있다. 물론 처음부터 원하는 것을 다 가질 수는 없다. 하지만 목표가 가까워질수록 더욱 성장하는 자신을 발견하고 자신을 인정해주는 주변 사람들이 많아진다. 자타가 공히 인정하는 사람이 된다는 것은 그만큼 의미 있는 일이다.

인간은 도전과 극복을 통해 단련되고 스스로 성숙해간다. 정치인 역시 다르지 않다. 나는 앞으로도 수많은 도전을 할 것이다. 그러다 보면 성공의 영광을 맛볼 때도 있을 것이고 실패의 아픔을 맛볼 때도 있을 것이다. 하지만 내 명분이 떳떳하다면 조금도 머뭇거리지 않고 당당하게 도전장을 내밀 것이다. 그것은 가난한 농부의 아들로 태어나 오늘의 내가 있기까지 내가 살아온 방식이기도 하다.

최근 몇 년 정계를 떠나 있으면서 많은 것을 느꼈다. 말 한마디라도 따뜻하게 건네며 훗날을 함께 하자고 기약해주는 선배 의원도 있었는가 하면, 권력의 중심에 있을 때 제일 먼저 찾아오던 사람이 이제 볼일이 없어진 듯 제일 먼저 떠나는 것도 보아야 했다. 하지만 이런 모든 일을 통해 나는 어떤 상황에서도 신의를 버리지 않고 대의를 지켜나가는 것이 얼마나 중요한지를 깨달을 수 있었다. 무엇보다 내가 당당하기 위해서는 나를 위한 권력이 아니라 국민을 위한 권력을 창출해야 한다는 것을 다시금 깨달았다. 중학교 시절, 정치가가 되겠다고 꿈꾸던 그 순수했던 소년이 요즈음 다시 내 심장을 두드리고 있다.

상황에 휘둘리지 말고
일단 부딪혀라
– 대한사이클연맹 회장 선거 일화

중학교에 입학하면서 아버지께서 자전거를 사주셨다. 집에서 학교까지는 비포장도로 30여 리, 12킬로미터나 되는 먼 길이었는데 버스가 거의 다니지 않아 통학용으로 자전거를 사주신 것이다.

이때 아버지께서 사주신 자전거로 나는 중고등학교 6년을 통학했고, 하루도 빠짐없이 개근을 했다. 당시 자전거를 타고 다니는 학생은 나뿐만이 아니었다. 김천중학교와 김천고등학교 학생 2천 명 가운데 1천 5백 명의 학생이 모두 자전거 통학을 했는데 전국적으로도 유명할 만큼 그 풍경이 장관이었다. 한번 상상해보라. 학교 교문 앞 자전거 보관소에 그 1천 5백 대의 자전거가 일렬횡

대로 죽 늘어선 모습을. 오죽하면 일간지에 소개될 정도였을까.

지금이야 환경 보존의 일환으로 자전거의 이용을 권장하지만 당시는 그야말로 생계형으로 자전거를 타고 다녔다. 자전거가 없으면 학교를 다닐 수 없었으니 학생들의 자전거 실력도 무척 좋았다.

지금도 나의 중고등학교 시절을 생각하면 본능적으로 자전거의 둥근 바퀴와 부챗살처럼 뻗어 있던 바퀴살이 제일 먼저 떠오를 정도이다.

이런 자전거가 내게 가져다준 선물은 여러 가지이다. 먼저 집에서 학교까지 왕복 60리, 무려 24킬로미터를 6년 동안 자전거를 타고 다닌 덕분에 나는 건강한 체력을 갖게 되었다. 나는 내 건강이 상당 부분 그때의 자전거 통학으로 다져진 것이라 믿는다. 특히 돌처럼 단단한 나의 하체는 운동선수들도 울고 갈 정도로 튼튼했다. 덕분에 육상에서 단연 두각을 나타냈는데 경상북도에서 관내 체육대회가 열릴 때마다 학교 대표 선수로 선발되어 우승의 영광을 안겼다. 당시 학교 대표로 나간 학생들 중에 유일하게 나만 체육 특기자가 아니어서 친구들과 선생님들께 주목을 받고 한껏 으쓱해하던 기억이 난다. 또 육상뿐만 아니라 유도와 씨름 등 여러 종목에서 두각을 나타내다 보니 어떤 때는 여러 종목에 복수로 출전해야 하는 난감한 상황에 처하기도 했다.

학창시절의 이런 이야기들을 사석에서 무용담처럼 늘어놓으면 동료 의원들은 웃으면서 이렇게 맞받아쳤다.

"하하하…. 운동을 그렇게 잘하는데 어쩌다 국회의원이 되었나? 대한민국 체육계의 손실 아니야? 이왕 정계에 진출했으니 대한체육회장이나 IOC 위원장 같은 거라도 한 자리 해야 되는 거 아닌가?"

그런데 말이 씨가 된다고 했던가? 삼선 의원이 되자 차츰 여기저기서 체육회 일을 맡아달라는 제의가 들어오기 시작했다. 처음에는 그저 무심히 흘려듣거나 정중히 거절했는데 어느 날 대한사이클연맹 회장직에 내 이름이 거론되니 나도 모르게 귀가 솔깃했다.

'사이클……?'

자전거에 대해서 한없는 애정을 가지고 있기에 그 자리만큼은 관심이 컸던 것이다. 사실 그 얼마 전까지만 하더라도 자전거타기모임에 고문을 맡은 적도 있었다. 그래서 한국 사이클의 현황에 대해 조사를 해보았다. 알아보니 한국 사이클은 60년의 역사를 가지고 있었다. 그럼에도 불구하고 지금까지 아시안게임에서 금메달 두어 개 딴 것이 고작일 뿐이라고 했다.

문득 '만약 내가 대한사이클연맹의 회장을 맡아서 한국 사이클의 중흥기를 만들어 보면 어떨까? 비인기 종목인 사이클이 올림픽에서 좋은 성적을 내면 인기 종목으로 부상할 것이고 그렇게 되어 전 국민적으로 자전거 타기 열풍이 불면 좋지 않을까?'

하는 생각이 들었다. 장고를 거듭했는데 생각하면 할수록 의미 있는 일인 것 같았다. 결국 대한사이클연맹 회장을 맡기로 결심한 나는 그 다음날 바로 관계자들을 만났다.

"맡겨준다면 열심히 하겠습니다. 다만 제가 사이클은 물론이고 체육계에도 아는 사람이 별로 없습니다. 그러니 추대를 해주면 고맙겠습니다."

그러자 관계자들은 그게 뭐 어려운 일이냐며 걱정하지 말라고 했다. 그런데 총회가 열리기 나흘 전에 아무래도 경선을 통해서 회장을 뽑아야 될 것 같다는 전화가 왔다. 며칠 전까지만 해도 추대로 하기로 해놓고 이제 와서 선거를 한다고 하니 막막했다.

대한사이클연맹의 대의원은 전국 각 시도에서 올라온 대의원 16명과 중앙 대의원 8명, 이렇게 도합 24명이 있다고 했다. 하지만 나는 대의원의 얼굴조차 본 적이 없었으니 상황은 참 난감했다. 처음부터 자청해서 하는 일이 아니었고 추대를 하기로 약속한 마당에 일이 틀어져서 언짢은 마음이 없지는 않았지만 그래도 이왕 하기로 한 것 열심히 해야겠다는 생각이 들었다.

다음 날, 날이 밝자마자 나는 대의원 명단을 입수해서 한 사람 한 사람에게 일일이 전화를 걸었다. 되든 안되든 일단 한 번 부딪혀 보기로 한 것이다.

모두들 일면식이 없는 관계라 인간적인 지지를 부탁했고 내 손이 닿지 않는 사람들은 지인들에게 부탁해서 지원을 요청했다. 그리고 드디어 대의원 총회가 열렸다. 투표가 시작되기에 앞서 후보자들의 포부를 밝히는 자리가 있었다. 후보는 나와 다른 한 명의 후보, 이렇게 두 사람이었다.

나와 경선을 펼칠 후보는 기업가 출신이어서 그런지 주로 돈 이야기를 했다. 자신이 회장이 되면 연맹의 재정이 튼튼해질 것이라는 주장이었다. 이어서 내가 대의원들 앞에 섰다. 나는 딱 두 가지만 힘주어 말했다.

"첫째, 사이클이 인기 종목이 되려면 무엇보다도 저변을 확대해야 합니다. 제가 회장이 되면 어떡하든 수십 개의 팀을 새로 창단하겠습니다. 둘째, 저는 돈은 없지만 발은 넓습니다. 기업가 출신의 유능한 부회장단을 적극 영입해서 최소한 돈 걱정은 하지 않고 운동에만 전념할 수 있도록 하겠습니다. 밀어주십시오."

전체 24명의 대의원 중 2명이 불참한 가운데 투표가 시작되었다. 결과는 나 스스로도 놀라웠다. 18 대 4로 나의 압승이었다. 그리하여 나는 대한사이클연맹 제23대 회장이 되었다. 2005월 2월 23일의 일이다.

낮은 자세로 답을 구하라

그로부터 많은 세월이 흘렀지만 나는 지금도 나를 믿고 지지

해준 대의원들에게 고마움을 느낀다. 일면식도 없는 사이에 그렇게 선뜻 밀어주기가 쉽지 않음을 잘 알기 때문이다. 또한 나 자신에게도 후한 점수를 주었다. 무슨 일이든 한 번 하고자 하면 열심히 해야 된다는 것이 내 생각인데 당시 내가 대의원들의 마음을 얻기 위해 최선을 다해 노력한 점이 지금 와 생각해도 잘한 일이라 여겨지기 때문이다.

아무리 잘난 사람도 혼자서 일을 하면 낭패를 본다. 반면 조금 부족한 사람이라도 사람들에게 도움을 요청하고 그들의 마음을 얻으면 크게 성공할 수 있다.

나중에 들은 이야기로는 그때 추대로 회장을 선출하려는 것이 갑자기 경선으로 바뀐 데는 정치적인 이유가 있었다고 했다. 원래 체육회의 회장은 여당의원이 맡는 것이 대부분인데 당시 야당의원이었던 내가 대한사이클연맹 회장이 되는 것이 여당의 눈에 거슬렸던 것이다. 당시 대한체육회 산하의 50여 개 체육단체 중 야당 국회의원이 회장이나 협회장을 한 경우가 나 말고는 단 한 명도 없었을 정도이다.

내가 대한사이클연맹 회장으로 있는 동안 한국 사이클은 놀라운 발전을 이루었다. 매년 사이클 후원회를 열어서 집중 지원한 결과 2005년~2006년 연속으로 아시아 선수권 대회에서 종합 우승을 차지했으며, 2006년 도하 아시안 게임에서는 무려 5개의 금메달이 쏟아졌으니 엄청난 발전이었다. 우리나라가 숙적 일본

을 제치고 중국에 이어 종합 2위를 달성한 데는 사이클의 역할
이 적지 않았다.

대한사이클연맹 회장으로 취임한 나는 실무에는 관여하지 않
기로 스스로 방침을 정했다. 회장이 할 일은 후원금을 거두어주
고 사무국장을 비롯한 실무자들이 소신을 가지고 일을 할 수 있
는 기반을 마련해주는 것이라 생각했기 때문이다. 아울러 어떤
인사에도 관여하지 않으며, 선수 선발도 위원회를 만들어 집행
함으로써 공정성을 잃지 않도록 하였다. 덕분에 그 어느 때보다
잡음 없는 대한사이클연맹을 만드는 데 일조할 수 있었다.

물론 내가 처음 생각했던 것보다 재임기간 중 해야 할 일이 참
많았다. 체육회의 회장이라고 하면 소위 얼굴마담 역할만 하면
된다고 생각했는데 실상을 보니 그것이 아니었다. 경기가 있을
때마다 찾아가서 축사를 해야 하는 등 의외로 일이 적지 않았다.

그래서 한국전기안전공사의 사장으로 와서는 마음만 있을 뿐
나서서 연맹의 일을 많이 돕지 못했다. 공기업에 있는 동안은 회
사 일에 집중해야 된다는 책임감이 더 컸기 때문이다.

앞으로 또 기회가 된다면 대한사이클연맹은 물론 다른 비인기
종목에도 관심을 기울여볼 생각이다. 특히 아시안게임이나 올림
픽 등 주요 경기에서 메달을 따지 못하는 비인기 종목을 지원하
고 싶다.

스포츠라는 것이 의외로 돈이 많이 들어간다. 국가에서 스포

츠 꿈나무들에게 좀 더 많은 지원을 해주면 더 좋은 결과들이 쏟아져 나올 텐데 아쉬운 부분이다. 덕천장학회의 장학금을 지급할 때 공부뿐만 아니라 체육에 재능 있는 학생들에게도 장학금을 지급해준 것도 다 이런 생각이 있었기 때문이었다.

나는 앞으로 우리나라가 선진국으로 뻗어나가려면 기술력뿐만 아니라 스포츠나 문화 같은 것에도 집중 투자를 해야 된다고 생각한다. 한류 드라마가 우리나라의 이름을 날리듯이 스포츠 역시 나라의 이미지를 높이는 데 커다란 역할을 할 수 있는 경쟁력 있는 상품이다.

김연아가 대한민국의 이름을 세계에 알렸듯이 더 많은 스포츠 꿈나무들이 날개를 펼칠 수 있도록 각별하고 꾸준한 지원을 펼쳐야 한다. 무엇보다 세상엔 중요한 많은 일이 있다는 것을 인식하고 더 다양한 분야에 관심을 기울여야 한다.

정치인은 교도소 담장 위를
걷는 것과 같다

국회의원에게 가장 힘든 일 중 하나는 민원을 처리해주는 것이다. 하루에도 수십 통씩 걸려오는 전화나 찾아오는 손님들의 용건은 대부분 자신들이 해결하기 어려운 문제를 대신 처리해달라는 부탁이다.

음반이나 서적을 냈으니 대량 구입해달라는 부탁, 자식이 아프니 큰 병원에 병실을 알아봐달라는 부탁, 조카의 취직자리를 알아봐달라는 부탁 등 종류도 다양하다. 이런 가벼운 부탁은 가능한 들어주려고 하는데 워낙 그 건수가 많다 보니 일일이 다 해결해줄 수 없을 때도 많다. 나 역시 부탁을 받으면 누군가에게 부탁하는 입장이 되는지라 매번 같은 부탁을 한두 번도 아니고 수십 번씩 할 수는 없기 때문이다. 하지만 내 사정이 이렇다고 해도 어렵게 꺼낸 부탁을 들어주지 않으면 관계가 소원해진다. 다시는 연락을 하지 않는 사이가 되는 경우도 있고 주변 사람들에게 인정머리 없는 국회의원이라고 좋지 않은 소문을 내는 경우도 있다. 정치를 하면서 어떤 이유든 사람들의 원성을 사면 좋지 않기에 참 난처할 때가 많다. 게다가 나는 사람에 대한 애정이 많은 편이라 어지간하면 사람들의 부탁을 들어주려고 하고, 행여 들어주지 못할 부탁이라도 그 자리에서 일언지하에 안 된다고 거절하지 못한다. 일단 알아보겠다고 말해주고 사방으로 잘 알아본 뒤에 도저히 안 되는 일은 차후에 일이 잘 안 되었다고 양해를 구한다.

하지만 이런 나도 어떠한 경우에도 들어주지 않는 부탁이 있다. 바로 돈을 들고 오는 경우이다.

견물생심이라고 돈을 보고 욕심나지 않을 사람이 어디 있을까? 하지만 나는 정치를 시작하면서 이미 돈과는 멀어지기로 결심을 한 사람이다. 내가 돈 욕심이 있었다면 장학회 사업을 그렇게 빨리 시작하지도 않았을 것이다. 돈보다는 사람 만나는 것이 좋고, 좋은 일 하는 것이 재미있기 때문에 나는 정치가 즐겁다.

더구나 정치인에게 있어 청렴과 도덕은 생명줄이다. 물론 태어날 때부터 부유한 가정에서 태어난 사람은 좀 다를 수 있을지 모르지만 나처럼 농촌 출신의 가난한 정치인이 돈과 권력을 다

갖기란 어려운 일이다. 그만큼 욕심을 버려야 하고, 행동 하나 하나를 조심해야 하는 일이다. 정치인으로 산다는 것은 이런 것이다. 실제로 나는 정치인이 되기로 결심한 이후로 외간 여자와 단 둘이는 식사도 하지 않는다. 오해를 살 만한 일은 애초에 하지 않는 것이다.

김대중 대통령 시절의 일이다. 당시 한나라당은 야당이었기 때문에 나는 야당의원으로서 본의 아니게 국회에서 목소리를 높여야 하는 일이 많았다. 미운털이 박힐 만도 했다. 그래서였는지 당시 안기부와 수사기관에서 어떻게든 나의 흠을 잡으려고 혈안이 되었다고 한다. 하지만 나는 걸릴 게 하나도 없었다. 12년 동안 국회의원으로 있으면서 통장이라고는 달랑 하나뿐이고, 큰돈을 써본 적도 없다. 아무리 털어봐야 나올 게 있을 리 없었다.

스스로에게, 나를 믿어주는 사람에게 당당해야 한다

정치를 하면서 숱한 동료 의원들이 이권이나 비리, 부정부패에 연루되어 구속되는 것을 목격했고, 그중 친한 사람이 구속되었을 때는 교도소에 면회도 여러 차례 다녀왔다. 그런 모습을 보며 돈의 유혹, 권력의 달콤한 유혹에서 더 자유로울 수 있었다.

물론 그런 유혹에 전혀 흔들리지 않았던 것은 아니다. 건설교통위 간사 시절에는 그런 유혹이 더 많았다. 하지만 나는 굳건이 나의 신념을 지켰다. 당시 모 기업에서 나와 또 다른 건설교통위원회 소속 의원에게 뇌물을 건넨 적이 있는데, 나는 받지 않았고, 다른 의원이 그 돈을 받아 결국 구속된 일이 있었다. 한 순간의 오판, 물질의 유혹에 빠지지 않으려면 평소에 늘 마음을 맑게 하고, 욕심을 거둬야 한다.

주변에서 보면 일찍이 정치에 뜻이 없다가 갑자기 정치를 하게 된 사람들이 주로 법망을 피해가지 못하는 것 같다. 나처럼 어려서부터 줄곧 정치를 하기로 마음먹은 사람은 절대로 뇌물을 받아서는 안 된다는 사실을 잘 알고 있다. 정치 생명이 한순간에 날아간다는 것을 알기 때문에 늘 조심하고 행여나 발목 잡힐 일은 하지 않는다.

물론 정치인에게 후원자들이 더 신념 있게 일해달라는 뜻으로 정치 후원금을 희사하는 일이 있다. 이런 돈이야 대가를 바라는 것이라기보다 더 열심히 일하라는 격려라고 생각한다. 이런 돈은 흰 돈이다. 하지만 어떤 것이든 사소한 것이라도 부탁과 함께 건네는 돈은 무조건 검은 돈이다. 더구나 거액을 건넨다면 그것은 합법적으로 이룰 수 없는 일을 편법이든 불법이든 써서 해결해달라는 유혹이다.

그런데 무엇보다 기분 나쁜 경우는 전혀 알지 못하는 사람이

뭉칫돈을 갖고 오는 경우이다. 나는 이런 경우가 가장 기분 나쁘다. 이는 사람을 돈으로 매수하겠다는 것이 아니고 무엇인가. 나를 대놓고 무시하는 이런 처사는 용납할 수 없다.

이런 사람들의 면면을 보면 대개는 평소에 잘 알지도 못하는데 건너건너 누군가의 소개를 받고 찾아온 경우이다. 무턱대고 찾아와서 집을 사주겠다느니, 몇 억 원을 주겠다느니 감언이설을 늘어놓는다.

반면 평소 자주 만나는 고향 친구들이나 친한 지인들은 큰 부탁을 하지도 않는다. 기껏해야 돈 얼마를 빌려달라거나 억울한 일을 당했으니 고발해달라는 정도의 인간적인 부탁이 대부분이다.

수많은 사람들을 만나면서 내가 세운 원칙은 들어줄 수 있는 부탁과 들어줄 수 없는 부탁을 확실히 구분하는 것, 그리고 들어줄 수 없는 부탁에 대해서는 단호하게 거절할 수 있어야 한다는 것이다.

정치인이 교도소에 가는 것은 대개 돈 때문이다. 정치를 하자면 돈이 필요하고, 그 돈을 무리해서 마련하려고 하다가 교도소에 가는 것이다. 언론 보도만 보면 이 땅에 멀쩡한 정치인은 하나도 없다는 생각이 들 정도로 부정한 돈을 받은 정치인들이 많다. 그래서 정치인들 사이에서는 '정치인은 교도소 담장 위를 걷는 것과 같다'는 자조적인 농담이 돌기도 한다.

어느 나라이건 정치인에게 정치 자금이 필요하다. 사실 민주 정치의 이상은 정치 자금이 아예 필요 없거나 그것을 최소화하는 데 목적을 두고 있지만, 그것이 현실화된 나라는 세계 어느 곳에도 없다. 그리하여 오늘날 정치인과 돈의 관계는 한마디로 '필요악' 정도로 규정하고 정치 활동을 위한 최소한의 정치 자금은 법적으로도 보장하고 있다.

때문에 나는 우리나라 정치인들이 유독 돈과 관련한 비리를 저질러 교도소를 가는 모습을 볼 때마다 마음이 무겁다. 솔직히 정치제도상의 문제도 있다고 생각한다. 기본적으로 정치 자금을 모금하는 방법도 지나치게 제한적이고, 그 자금을 쓰는 데에도 가혹하리만치 엄격하게 규제하기 때문에 어지간히 신경 쓰지 않고서는 법에 저촉되지 않을 재간이 없다.

현행법상 우리나라 정치인이 정치 자금을 모으는 길은 후원금밖에 없다. 그런데 그 후원금마저도 여러 가지 규제가 많아 최소한의 정치활동만 하려고 해도 턱 없이 모자란다.

나는 개인적으로 국회의원들이 불법 정치 자금의 유혹으로부터 자유로워질 수 있도록 정치 후원금의 한도를 조금은 더 늘려야 한다고 생각한다. 어느 정도 숨통을 틔울 수 있어야 뒷돈이 사라질 수 있다. 아무리 깨끗하고 도덕적인 정치인이라도 당장 금전적인 어려움에 처하게 되면 불법 자금의 유혹에 빠질 가능성이 커질 수밖에 없다.

나 역시 그런 유혹을 받아보지 않은 것은 아니다. 하지만 그럴 때마다 어떠한 경우라도 교도소만큼은 가지 않겠다는 나 자신과의 오래 전 약속을 상기한다. 그것이야말로 나를 믿고 지지해준 사람들, 그리고 나를 자랑스럽게 생각하는 우리 가족들을 실망시키지 않는 길이기 때문이다.

지금도 간혹 누군가 돈을 가지고 와서 무리한 부탁을 하면 나는 농담 반 진담 반으로 이렇게 반문한다.

"사장님, 이 임인배를 꼭 감옥에 보내야겠습니까?"

바꾸기 가장 어렵다고
생각하는 것부터 바꿔라

주변을 돌아보면 개인의 일이든 조직의 일이든 중요한 것보다 급한 것을 먼저 처리하는 문화가 만연해 있다는 생각을 지울 수가 없다.

특히 조직에서 변화를 기해야 할 때는 처해 있는 상황과 조건에서 가장 불편하고, 잘못된 것을 먼저 바꿔야 하는데도 그것이 복잡하고 귀찮은 일일 경우 이를 외면한 채 다시 타성에 젖은 일상을 반복한다.

나는 그런 과오를 범하지 않기 위해 회사에서 무엇부터 개선해야 할지를 곰곰이 생각했다. 그리고 그 대답은 회사의 구성원인 직원들에게서 구해야 한다고 결론을 내렸다. 나는 지체하지 않고 사내 인트라넷을 통해 직원들에게 질문을 던졌다.

'우리 회사에서 가장 시급히 고쳐야 할 문제가 무엇인지 제안해주세요.'

이런 일은 사실 나서기가 쉽지 않다는 걸 알기에 나는 3천 명의 직원 모두에게 이 설문에 참여하지 않으면 인사상의 불이익을 주겠다는 약간의 협박을 더했다. 모두 솔직하게 회사에 대해 느끼고 있는 문제와 어려움을 이야기해주길 바랐기 때문이었다. 그런데 설문조사 결과 의외의 대답이 쏟아졌다.

압도적인 제안은 바로 '사옥'이었다. '자가 사옥을 만들어달라'는 제안이 많아 자세한 내막을 알아보니 회사 사정이 좋지 않아 대부분의 지사들이 노후한 건물에 월세 사무실을 얻어 지내고 있는데, 불편도 불편이지만 직원들의 사기가 땅에 떨어져 있다는 것이었다. 명색이 공기업 사원인데 사무실 시설이 워낙 낙후되어 있으니 가족들 보기에 체면도 안 서고, 방문객은 물론 주변 사람들에게도 민망하다는 내용이었다.

직원들의 이런 의견에 나는 100퍼센트 동감을 했다. 당장 내가 업무를 보는 사장 집무실만 해도 너무 낡고 지저분해서 어디서 곧 쥐라도 튀어나올 것 같았기 때문이다. 복도에서부터 창틀, 집기며 모두 낡을 대로 낡아서 솔직히 누구라도 일할 맛이 나지 않는 우중충한 분위기였다.

하지만 이걸 바꾸자니 예산이 앞을 가로막았다. 적자 600억 원의 회사가 직원들에게 번듯한 건물을 내주기란 쉽지 않았다. 아마 이전의 사장들도 이런 문제 때문에 감히 사옥을 교체할 엄두를 내지 못했을 것이다.

하지만 나는 길게 볼 때 회사의 사옥을 바꾸는 것이 경제적으로도 훨씬 이득이 클 것이라 판단했다. 전국 63개의 지사 대부분이 월 200만~1천만 원 정도의 월세를 내고 있었는데 월세 지출만 따져 봐도 엄청난 금액이었다. 그래서 일단 내 임기 안에 모든 지사 중 50퍼센트의 지사는 자가 사옥을 마련하겠다는 계획을 세우고 본격적인 작업에 착수했다.

처음에는 땅을 사서 건물을 지어서 자가 사옥을 마련하는 방법을 모색했는데 이 방법은 타산이 맞지 않았다. 그래서 전략을 바꾸었다. 경매로 나온 건물들을 주시하며 두세 차례 유찰된 건물들을 헐값에 사들이는 방식이었다. 예를 들어 10억 원짜리 건물이 두 번만 유찰되면 6억 원도 안 되는 가격에 구입을 할 수 있다. 그렇게 건물을 사들여 리모델링하여 사옥으로 쓸 수 있게 해 주었더니 직원들이 너무나 좋아했다. 출근하는 게 너무 신나고 휴일날 당직을 설 때면 가족들을 초대해서 사무실 구경도 시켜 줄 수 있어서 너무 행복하다는 이야기가 심심찮게 들려왔다.

직원들은 사기가 올라서 좋고, 경매로 구입해서 리모델링한 사옥들의 평가액이 구입가보다 몇 억 원이나 올라가서 회사 자산 증대에도 크게 기여를 했다.

　이제는 약 50퍼센트 이상의 지사에서 자가 사옥을 이용하고 있다. 볼 때마다 기쁘고 즐거운 일이다.

꾸준히 하다 보면 반드시 큰 성과를 얻는다

　공기업이다 보니 큰 사고만 없으면 안정적으로 월급을 받을 수 있기에 대부분의 사장이 조용히 혹은 편안하게 임기를 보내려고 하게 마련이다. 나에게도 그런 유혹이 없었던 것은 아니다. 하지만 하나씩 바꾸어가면서 보람도 느끼고, 직원들의 사기까지 얻으니 더 열심히 하고자 하는 마음이 샘솟았다.

　불편하고 부당하다고 불평만 하면은 인생이 즐겁거나 아름다워질 수 없다. 문제를 직시하고 해결하려 노력해야지 그저 불평, 불만만 늘어놓는다면 아무것도 바뀌지 않는다. 어떤 것이든 지금 가장 바꾸기 힘들어 보이는 것, 너무 강력해서 내 힘으로는 할 수 없을 것 같은 일이라도 해결할 수 있는 방법이 있다. 시작은 작아도 점점 더 나아갈 수 있다.

　지난 3년 가까운 시간 동안 일하면서 이런 마음으로 임했다. 그런 덕분인지 여기저기서 반가운 이야기를 많이 들었다. 전기안전공사가 공기업 평가에서 좋은 성적을 내고 있다며 조선일보, 중앙일보, 동아일보, 매일경제 등의 신문사에서 잇따라 대상을 주며 신문에도 대문짝만하게 실어주었다. 상이라는 게 학창 시절에는 흔한 것이지만 사회에 나오면 받을 기회가 별로 없어서인지 솔직히 기분이 좋았다. 무엇보다 "내 임기 3년 마칠 때 잘했다는 소리 듣겠소"라고 큰 소리 쳤던 것이 공수표가 되지 않아 체면이 선다.

돈이든 권력이든, 명예든 열심히 뛰는 사람에게는 그 결과가 따라오는 법이다. 내가 전기안전공사의 사장으로 있으면서 내 이름 석 자 빛내려고 뛰어다녔다면 임기 말년에 이런 좋은 평가를 받지 못했을 것이다. 무거운 갑옷을 내려놓는 지금, 그 홀가분함은 이루 말할 수 없이 상쾌하다.

변화는 과감하게,
원칙은 예외없이 적용하라

전기안전공사 사장으로 부임한 뒤 시행한 수많은 변화 중에 가장 큰 변화는 바로 허위 검사, 부실 검사를 묵인하는 회사의 분위기를 바꾼 것이다. 우리 직원들은 하루에 50건의 전기 안전 검사를 해야 하는데 50건을 다 채우지 않고도 다 했다고 보고를 하는 경우가 제법 눈에 띄었다.

나는 당장 실태 조사에 들어갔다. 그 결과 허위 검사, 부실 검사의 유형이 몇 가지로 분류되었다. 한 부류는 날씨나 컨디션을 핑계로 검사를 빼먹고 농땡이를 치는 부류, 또 한 부류는 기본 업무인 안전 검사는 뒤로 하고 돈이 되는 안전 진단 업무를 하러 나가는 경우였다. 전기안전공사의 현장 직원들은 자신의 기본 업무인 전기 안전 검사를 할 의무와 스스로 사업장을 개척해서 전기 안전 진단 업무를 할 수 있는 권리가 주어진다.

즉 전자는 꼭 해야 되는 일이고 이 일만 하면 월급을 받을 수 있다. 반면 후자는 선택 사항이지만 이 일을 하면 전기 안전 진단 수익금의 15퍼센트를 인센티브로 받을 수 있다. 예를 들어 A라는 직원이 B라는 사업장에 찾아가 전기 안전 진단을 해줘서 100만 원을 받으면 그중에 85만 원은 회사의 수익이 되고 15만 원의 수익은 A직원의 몫이 된다. 때문에 많은 직원들이 월급 외에 부가 수입으로 전기 안전 진단 수당을 받았다. 많이 받는 사람은 1년에 1천 5백만 원, 적게 가져가는 사람은 5백만 원 정도의 부수입이 생기는 일이었다.

나는 일하러 가기 싫다고 농땡이를 치는 직원도 문제지만, 우리 회사의 설립 목적이 안전 점검인데 이를 팽개치고 자신의 부수입을 올리는 데 더 열의를 보이는 직원들도 문제라고 생각했다. 그런데 이런 문화는 뿌리째 뽑지 않으면 해결이 안 될 것이라는 판단이 들었다. 그래서 당장 이 직원들의 옷을 벗겨라, 그렇지 않으면 내가 옷을 벗겠다고 초강수를 두었다. 하지만 직원들은 갓 부임한 사장의 지시를 어물어물 넘기려는 모습을 보였다. '부임하자마자 기선을 제압하려고 그러는 거겠지, 저러다 말겠지'라고 생각했는지 시간이 지나도 직원 해임에 대한 결제 건이 올라오지 않았다.

나는 "국민들로부터 신뢰를 받아야 할 검사점검 기관이 이런 식으로 운영이 되면 국민들에게 사랑받을 자격이 없다, 세금 공무원이 세금을 떼먹는 것이나, 우리 직원들이 안전 검사를 허위로 하는 것이나 똑같이 국민을 속이는 짓이다"라고 강조했다. 국민들로부터 사랑받지 못하는 공기업이 무슨 존재 이유가 있다는 말인가.

나의 단호한 대응에 회사 내부는 물론 외부에서도 우려하는 목소리가 들려왔다. 조용히 넘어가면 될 일을 괜히 크게 만들어 회사의 이미지를 실추시킨다는 이유였다.

실제 내가 부임한 첫 해에 그간의 고질적인 병폐들이 드러나면서 우리 회사의 정부 경영 평가가 잘함이 아니라, 보통으로 나왔다. 하지만 나는 그런 시선에 신경쓰지 않았다. 과거의 악습을 바로잡고 회사의 미래가 밝아지는 데 기여할 수만 있다면 그 과정에서 받는 평가를 두려워할 필요가 없다고 생각했기 때문이다.

직원 해고라는 극단적인 처방을 내린 데는 또 하나의 이유가 있었다. 우리 회사가 고쳐야 할 점이 무엇인지 알아내기 위해 가장 객관적인 자료인 회사 감사 자료를 살펴보았는데 자체 감사에 매년 나오는 지적이 허위 안전 검사, 부실 안전 검사를 하는 직원들에 대한 징계 수위를 강화하라는 것이었다. 그리고 이를 해결하기 위한 구체적인 방안으로 직원들에게 돌아가는 안전 진단 인센티브 제공을 중지할 것을 제안하고 있었다.

즉 모두가 회사의 심각한 문제라는 것을 알고 있고 또 해결 방도도 알고 있지만 인센티브 제도를 폐지할 경우 직원들의 반발이 예상되니 감히 아무도 나서지 못하고 있었던 것이다. 나는 직원들의 입장도 생각해주어야 하지만 그 이전에 국민들의 안전이 우선되어야 한다고 생각했다. 허위 검사, 부실 점검으로 만약 큰 사고라도 난다면 그때 가서 후회하고 반성하는 것이 무슨 소용이 있단 말인가. 회사가 돈을 벌지 못하고, 직원들의 급여가 낮아도 국민의 안전을 지킬 수 있다면 그것만으로 우리 회사의 존재가치가 생기지 않는가? 그것이 바로 공기업이 국민들에게 해야 할 당연한 책무가 아닌가 생각했다.

나는 근무 시간에 안전 진단 업무를 하지 못하도록 조치를 취했다. 근무 시간에 안전 진단을 할 경우 해당 직원에게 돌아가는 15퍼센트의 인센티브를 주지 않기로 한 것이다. 다만 완전히 없앨 경우 직원들이 받을 경제적 타격을 생각해서 업무 시간 이외의 안전 진단 업무는 허용했다. 즉 퇴근 시간 이후나 주말을 이용해서 안전 진단 업무를 하는 경우에 대해서는 인센티브를 그대로 제공하기로 했다.

그리고 지금까지 허위 검사나 부실 점검이 발각될 경우 경고나 감봉 정도의 징계를 가했지만 앞으로는 어떤 경우든 해고하겠다는 중징계 방침을 세웠다. 다른 건 다 용서가 되어도 우리 회사의 근간인 안전 검사를 소홀히 하는 것은 용납할 수 없다는 생각이 확고했기에 양보할 수 없는 선택이었다.

징계가 무겁더라도 원칙만 확실하면 되는 것이고, 그 원칙은 누구라도 납득할 수 있는 수준이어야 한다. 그렇게 되면 구성원들도 수긍하고 받아들일 수 있게 된다. 실제 허위 검사, 부실 점검 직원들을 가차 없이 해고한 덕분에 2010년부터 전기안전공사는 허위 검사, 부실 점검 제로화를 이루어냈다.

허위 검사 점검을 한 직원 해고는 일벌백계로서 큰 성과를 거두었지만 해고 당사자들에게는 치명적인 오점이 되었을 것이다. 인간적인 부분만 보면 안타까운 마음을 금할 수 없다. 하지만 어디까지나 회사의 앞날을 위한 과감한 결단이었고 그렇기에 그 결정에 대해서는 지금도 후회는 하지 않는다.

나중에 알게 된 사실인데 해고 직원 중에 학교 후배도 있었다고 한다. 남자들 사회에서 동문은 말할 수 없이 소중하다. 선배라는 사람이 회사의 사장으로 들어 와서 인사에 이득이라도 얻을 수 있지 않을까 기대했을 텐데 이득은커녕 해고라는 무서운 징계를 처했으니 내가 그 입장이라도 섭섭함이 이루 말할 수 없었을 것이다. 하지만 설사 그가 학교 후배라는 것을 알았어도 해고 결정을 번복하진 않았을 것이다. 원칙을 정하고 행하는 데 있어서는 그 어떤 예외도 있을 수 없기 때문이다.

한국전기안전공사는 전기 안전을 책임지는 공기업이기 때문에 안전 검사 이외의 영역에서 작은 실책을 범하는 것은 용인해

줄 수 있는 범주가 그래도 넓다. 하지만 안전 점검은 기본 중에 기본이기에 한치도 물러설 수 없는 부분이다.

무슨 일이든 기본을 지키는 것이 가장 중요하다. 기본이 바로 된 사람이 큰일을 할 수 있고 기본이 바로 된 사람은 어떤 분야에 진출을 해도 성공할 확률이 높다. 우리 사회가 상식이 통하는 사회, 기본이 바로 된 사회로 정착되기를 바란다.

열정은 결코
시들지 않는다
– 국회의원 12년, 나는 어떤 정치인이었나?

사람들은 나라가 발전하려면 지역구 국회의원이 지역의 현안에만 매달려 있으면 안 된다고 말한다. 맞는 말이다. 많은 사람들이 국회의원이 되고자 할 때는 수많은 이유가 있지만 그중 가장 큰 목표는 국민들이 행복한 나라, 올바른 정치가 펼쳐지는 나라를 만들고 싶은 소망 때문이다.

그런데 지역구 국회의원의 경우 올바른 정치의 꿈을 제대로 펼치기 전에 지역 발전이라는 지역민들과의 약속을 우선적으로 지켜야 할 의무가 있다. 이는 정치인이기 전에 인간으로서 지켜야 할 도리이다. 나를 믿고 국회의원으로 뽑아준 지역민들에 대한 신의를 저버리지 않기 위해 반드시 해야 할 일이다. 나 역시 이런 마음으로 국회의원으로 활동한 12년 동안 지역민들과의 약속을 우선적으로 지키기 위해 필사적으로 뛰었다. 그 결과 KTX 김천 역사 유치라는 10년의 과제를 해결했고, 그 외에도 숱한 성과들을 얻어낼 수 있었다.

그렇다고 해서 중앙 정치를 등한시한 것은 아니다. 국회의원으로서의 한쪽 날개가 지역 현안의 해결이라면 다른 한쪽 날개는 국가와 국민을 위한 정치를 펼치는 일이니 무엇 하나 소홀할 수 없는 일이었다.

나는 국회의원으로 일하는 동안 누구보다 앞장서서 당을 위해 뛰었고, 국민들의 실질적인 권익을 더 강화하기 위한 수많은 민생 법안들을 발의하고 통과시켰다.

중소기업진흥 및 제품구매촉진에 관한 법률을 개정한 것, 국민들의 안전을 위하여 도시가스 사업법을 개정한 것, 항공기 사고 탑승자의 가족을 구제하기 위한 항공법 개정 등이 대표적인 예이다. 이처럼 열심히 입법 활동을 전개한 덕분에 2003년에는 경향신문이 조사한 16대 국회의원별 입법 발의 현황에서 '최우수 의원'으로 선정이 되기도 했다.

국회의원의 중요한 책무 중 하나인 국정감사에도 열심히 임했는데 그 결과 2002년 국정감사에서는 경실련이 인정하는 국정감사 최고의원으로 선정되어 KBS, MBC, SBS 9시 뉴스의 톱기사로도 소개되기도 했다.

내가 국회의원으로서는 상대적으로 젊은 나이에 한나라당의 원내수석부대표가 될 수 있었던 것도 동료의원들에게 이러한 능력을 인정받았기 때문에 가능한 일이었다.

아쉬움을 넘어
7전 8기의 정신으로

나는 초선 때 집권당인 신한국당 후보로 출마해 당선이 되었다. 여당의원으로 당선이 되었지만 1997년 대선에서 김대중 대통령이 당선되면서 야당의원으로 처지가 바뀌었고 그 사이 당명도 한나라당으로 바뀌었다. 하루아침에 여당의원에서 야당의원이 된 나는 마음을 단단히 먹고 각오를 새로이 했다. 이왕이면 여당의원이 좋기는 하지만, 야당의원도 나쁠 것은 없다고 생각했다. 긴 안목으로 보면 정치 초년생인 나에게는 어쩌면 여당의원으로 출발해서 그 단맛에 안주하기보다는 차라리 야당의원으로서 정치 수업을 해두는 것이 먼 훗날을 위해서 더 보탬이 될 것 같다고 생각했다.

한 가지 아쉬운 것은 야당의원으로 활동한 기간이 너무 길었다는 점이다. 10년이라는 세월을 야당의원으로 지냈으니 솔직히 소신대로 국정을 이끌어가기가 쉽지는 않았다. 지금도 나는 만약 5년 정도라도 여당의원이었다면 얼마나 좋았을까 아쉬움이 있다.

여당의원, 야당의원 무슨 상관이 있냐고 생각할 수도 있지만 실제 현실에서는 여당의원이 할 수 있는 일이 사실 더 많다. 이것이 불합리한지 여부를 차치하고서라도 나는 김천과 국가 발전에 좀 더 기여하는 데 목적이 있기에 아쉬움이 큰 것이다.

내가 국회의원으로 활동하던 기간 동안 김천여고 기숙사, 김천고등학교 강당, 김천여중 강당, 아포중학교 강당, 동부초등학교 강당, 예술고등학교 기숙사, 성의고등학교 기숙사 및 교문 입구 지하도 확장 공사, 석천중학교 리모델링 공사가 완공되었는데 이 많은 공사들을 위한 예산을 확보하기 위해 내가 뛰어다닌 시간과 노력들은 가히 상상을 초월한다. 누가 봐도 필요한 일인데 이런 일을 이루기 위해 써야 하는 노력과 시간을 좀 더 아껴 다른 일에 투자한다면 모두에게 좋은 일이지 않을까 싶었다.

내가 세 차례의 대통령 선거에서 누구보다 열심히 뛰었던 것도 이런 이유에서다. 여당의원이 되어 국민들에게 필요한 현안들을 법으로 제정해서 보다 나은 대한민국을 만드는 길에 누구보다 앞장서고 싶었던 마음이 간절했다. 이 세 차례의 선거가 나에게 가르쳐준 것은 무수하다. 물론 나는 매번 최선을 다해, 아니 사력을 다해 뛰었기 때문에 아쉬움은 없었다. 객관적인 정세가 불리하다고 여겨질 때도 있었고, 유리하다고 여겨질 때도 있었지만 어떤 상황에서도 열심히 하면 이긴다는 생각으로 임했다.

비록 나 한 사람 열심히 뛴다고 해서 전국의 민심을 돌려놓을 수는 없지만 최선을 다하면 적어도 지역 민심만큼은 충분히 얻어낼 수 있다고 믿었고, 실제 그러했다. 김천에서 한나라당 후보들이 높은 지지율을 얻은 것이 반증이다.

그렇기에 2007년 대통령 선거에서 승리해 정권을 창출하고도 공천파동으로 정치 일선에서 물러난 것이 나에게 너무 큰 아쉬움이 되었다.

여당의원이 되어 지역의 현안들을 예전보다 더 쉽고 빠르게 해결해내고 중앙 정치 무대에서도 보란 듯이 멋지게 활약하고 싶었지만 나는 그런 기회를 박탈당하고 말았다.

야당의원으로서도 적지 않은 성과를 이루었는데 만약 내가 여당 정치인으로서 계속 정치 활동을 했다면 더 많은 일을 할 수 있지 않았을까 싶다. 그래서 나는 지금도 그 점이 너무나 아쉽다.

하지만 7전 8기라는 말도 있듯이, 앞으로도 내게는 많은 기회가 있다고 생각한다. 민심은 천심이라는 말도 있듯이 진심을 다해 일하는 일꾼을 하늘이 모른 척 하지는 않을 것이라는 막연한 기대도 가지고 있다.

지금까지 정치인으로 살아오면서 누구보다 청렴결백하게 살아왔고 누구보다 앞장서서 민의를 대변하기 위해 노력해왔다. 마음이 젊고 깨끗하다고 자부해서일까 내 나이가 벌써 쉰 살을 넘겼는데 아직도 고향에 가면 풋풋한 마을 청년 같다는 소리를 듣는다.

내 열정도 마찬가지다. 10년이면 강산도 변한다고 하지만 나는 처음 국회의원이 되었을 때와 같은 순수한 열정을 가지고 있다. 감히 자신하건대 이 열정은 앞으로 10년이 지나고, 20년이 지나도 결코 변하지 않을 것이다. 내 고향 김천을 사랑하고, 대한민국을 사랑하는 마음으로 일하는 좋은 정치인으로서의 꿈도 시들지 않을 것이다. 하지만 조금 두렵기도 하다. 과연 이런 내 마음을 김천 시민들이 알아줄까, 15년 넘게 충성을 바친 당에서는 알아줄까.

나는 그저 진심이 통하는 세상, 다수의 국민들이 웃을 수 있는 날을 앞당기는 데 좋은 일꾼으로 쓰이기만을 바랄 뿐이다.

3장

더 멀리 보고
크게 보라

나눔으로 더 큰 빛을
낼 수 있는 일
– 덕천장학회 이야기

예전에 TV 공익광고 카피 중에 "지금 흘리는 땀이 10년 후 내 명함이 됩니다"라는 것이 있었다. 또 최근 한 미국 학자가 '1만 시간의 법칙' 즉 10년 동안 자기 분야에서 꾸준하게 노력하면 보통 사람의 범주를 넘어서는 특별한 능력을 갖출 수 있다는 이론을 제기하며 주목을 받은 바 있다.

사실 10년이란 시간 동안 꾸준히 무엇이든 해낸다는 것이 쉬운 일은 아니다. 하지만 해내기만 한다면 무엇이든 이룰 수 있다고 생각한다. 나 역시 그런 기적 같은 경험이 있는데 바로 내가 장학회 사업을 시작한 지 꼭 10년 만에 내가 그토록 원하던 국회의원이 되었다는 것이다.

내 나이 서른한 살에 덕천장학회를 세웠다. 국회의원이 되기 위해 세운 것은 아니지만 장학회 사업을 수행한 지 10년 만인 마흔 살에 국회의원이 되었으니 10년의 법칙이 나에게도 마법처럼 통한 것이 아닐까 싶다.

사실 덕천장학회의 설립에는 어린 시절 내 경험이 밑바탕에 깔려 있었다. 나에게는 매우 중요한 보은의 방식이었다. 가난한 농부의 아들인 내게 한줄기 구원처럼 송설장학회의 을종장학금이 수여되었다. 당시 우리 집은 다섯 형제가 줄줄이 성장해 진학을 하는 바람에 가뜩이나 어려운 형편이 더욱 어려워진 상황이었다. 그런 상황에서 나라도 학비를 덜어드렸으니 부모님의 기쁨은 이루 말할 수 없이 컸다. 등교하는 나를 대견하게 바라보는 부모님의 눈빛에 나는 저절로 어깨에 힘이 들어갔다. 가난했지만 스스로의 자존감을 높이게 된 소중한 계기였다. 어린 마음에도 그것이 얼마나 고맙고 기뻤는지, 그때 나도 언젠가 경제적 여유가 생기면 꼭 장학사업을 하겠다고 마음을 먹었다.

내가 서른이라는 젊은 나이에 과감히 덕천장학회를 설립한 것도 내게 그런 기회가 찾아왔던 것처럼 한 명이라도 더 많은 후배에게 하루라도 더 빨리 그런 기회를 주고 싶었기 때문이었다.

솔직히 숙원사업이긴 했지만 국회의원이 되겠다는 꿈과 목표에 매진했을 뿐, 장학회 사업은 내가 국회의원이 된 뒤에나 해볼 수 있는 일이라고 생각했었다. 그런데 생각지도 못하게 가게를 통해 돈을 많이 벌면서 서른한 살이라는 어린 나이에 장학회 사업을 시작할 수 있었다.

결혼한 이듬해인 1982년 공무원으로 발령을 받은 나는 대학원 학점도 어느 정도 이수해서 내 생애 가장 안정된 시간을 보냈다. 그러던 중 중학교 동기의 권유로 3천 5백만 원이라는 거액의 빚을 얻어 남가좌동 명지대학교 앞에 '필그림(pilgrim, 순례자)'이라는 이름의 돈가스 전문점을 차렸다.

오전 9시에 출근해서 오후 6시에 퇴근하는 공무원 일과를 마치고 나면 나는 곧바로 레스토랑으로 달려가 일을 했으니 지금 말로 하면 투잡을 한 셈이다. 물론 혼자서 그 일을 다한 것은 아니다. 나뿐만 아니라 가까운 가족들 중 시간이 되는 사람들은 모두 와서 도와주었다. 그런데 운이 좋았는지 신기할 정도로 양식당 사업이 잘되었다. 정말 놀랄 정도였다. 당시 공무원으로서 내가 받던 월급이 15만 원도 안 되었는데, 레스토랑에서 나온 순이익이 3백만 원을 훌쩍 넘었으니 어느 정도인지 가늠이 될 것이다.

그때부터 갑자기 재산이 쌓이기 시작했다. 워낙 가진 것이 없던 처지였기 때문에 반지하방에도 살아봤고, 전세금이 없어서 처갓집에 얹혀 살기도 했던 우리 부부에게 3층짜리 단독주택이 생긴 것도 그때였다. 그야말로 비약적인 발전이었다. 나는 물론이고 아내가 집을 얻고 얼마나 기뻐했는지 모른다. 교사생활을 하면서 방학이면 모든 일을 제쳐두고 레스토랑 일을 도우며 한

푼 두푼 모아 구입한 집이라 집에 대한 아내의 애착은 대단했다. 그런데 이런 기쁨과는 다르게 내 마음 한구석에는 채워지지 않는 빈자리가 있었다. 그것이 자꾸만 나를 괴롭혔다. 그리고 나는 그 빈자리가 무엇인지 너무 잘 알고 있었다.

희망을 나누는 일은 아무리 작은 것이라도 지금부터

나는 며칠을 고심한 끝에 아내와 마주 앉아 조용히 이야기를 꺼냈다. 우리 집이 생긴 지 1년쯤 됐을 때였다.

"내가 평범한 남편이 아니라서 미안하오. 알다시피 나는 정치에 뜻을 두고 있고, 그게 언제가 될지 모르지만 그때까지 조용히 어려운 이웃에게 베푸는 삶을 살고 싶소. 사실 내가 이만큼이라도 살게 된 데는 다 주위의 도움이 컸지 않소. 사람이 덕을 쌓고 베풀 줄 알아야 된다고 생각하오. 앞으로 우리 가족이 먹고사는 데는 지장이 없을 것 같으니 이 집은 팔고 그 돈으로 가난한 학생들 장학기금으로 썼으면 좋겠소."

내 말을 들은 아내는 잠시 골똘히 생각에 잠겼다가 의외로 순순히 고개를 끄덕였다.

"그래요. 당신 뜻대로 하세요. 한 1년 좋은 집에서 살았으니 더 이상 집착할 생각은 없어요. 장학회 이름은 생각해봤어요?”

어렵게 꺼낸 말에도 불구하고 아내가 너무도 순순히 승낙을 하는 바람에 나는 눈물이 날 뻔 했다. 얼마 후 나는 아내와 함께 도봉산 도선사에 들렀다가 그곳에서 만난 동호 서재하 선생께서 지어주신 내 호인 ‘덕천(德泉)’을 따서 덕천장학회를 설립했다. 덕천은 ‘덕이 있는 김천 사람이 되라’는 뜻이다.

이듬해 1986년 가을, 덕천장학회는 김천시내 50명의 중고생을 대상으로 처음 장학금을 수여했다.

대개 장학금이라고 하면 공부를 잘하는 학생들에게 돌아가는 것이 대부분이다. 하지만 덕천장학회 장학금의 수혜 대상은 조금 달랐다. 우선 학업 성적이 좋은 학생들에게 60퍼센트를 지급했고, 체육이나 음악, 미술 등 예체능에 재능이 있는 학생들에게도 20퍼센트의 장학금을 지급했다. 그리고 나머지 20퍼센트는 비전이 있는 학생을 담임선생님의 추천을 받아 선정했다.

장학금의 지급 방식을 이렇게 세분화한 데에는 나름의 이유가 있었다. 무엇보다 공부를 잘하는 사람만 인생에서 성공하는 것이 아니고, 사회에 유익한 사람이 되는 것도 아니라는 생각이 들었기 때문이다. 좋은 음악을 들려주고, 위대한 예술 작품을 남기고, 스포츠를 통해 많은 사람에게 기쁨을 주는 것 역시 의미 있고 유익한 일이지 않은가? 예·체능계에 대한 장학금은 이런 이유에서 만들어진 것이다. 한편 담임선생님이 비전 있는 아이를 선발하도록 한 것은 가난하지만 가능성이 있는 아이들을 돕기 위해서였다. 어린 나이에 마음을 다칠까 봐 가난한 아이들에게 특별히 혜택을 준다는 이야기는 하지 않았지만 근본 취지는 이 것이었다. 나는 이런 덕천장학회의 제도가 지금 생각해도 참 잘 만들었다는 생각을 한다.

처음 장학금을 수여한 뒤 인사말을 하고 내려왔을 때 많은 학생들과 학부형이 나에게 "정말 당신이 장학회 회장이냐?"고 물었던 기억은 아직도 생생하다. 대개 장학회 회장이라고 하면 기업의 회장이라든가, 머리카락이 희끗희끗한 50~60대의 나이 지긋한 어르신을 연상하는 게 보통이니 의아해하는 것도 무리는 아니었다. 더구나 요즘이야 장학회가 많아졌지만, 그 당시만 해도 장학회 자체가 매우 적을 때라 김천에서 덕천장학회라고 하면 모르는 사람이 없을 정도로 유명했다. 그러니 나를 보는 눈이 남다르긴 했을 것이다. 처음엔 보잘것없이 시작했지만 17년이라는 세월이 흐르는 동안 수많은 사람들의 도움을 받으며 성장한 덕천장학회는 재선 의원 후반이었던 2004년까지 약 4천 명의 수혜자를 배출했다. 처음에 50~60명에게 주던 것이 나중에는 200~300명에게 줄 정도로 확대되었는데 2005년 국회의원의 장학사업을 금지하는 이른바 '오세훈법'이 등장하면서 안타깝게도 덕천장학회는 역사 속에 묻히게 되었다.

사실 나는 어떤 학생이 덕천장학회의 장학금을 받고 공부했는지 잘 모른다. 외려 일부러라도 명단을 보지 않았다. 때문에 저절로 외워지는 몇몇을 제외하고는 누가 어디서 무엇을 하는지 전혀 모른다. 사람이 기대를 하면 실망도 큰 법이다. 나도 사람인지라 행여 길에서 만나면 생색을 낼 수도 있고, 어떤 면이든 기대를 할 수도 있으니 아예 초반에 싹을 잘랐다.

대신 장학금을 받은 학생이나 학부형들이 일부러 찾아와서 감사의 인사를 전하는 경우가 종종 있는데 그럴 때마다 흐뭇한 미소로 "꼭 훌륭한 사람이 되어서 고향의 가난한 후배들을 위해 도움이 될 수 있는 사람이 되기 바란다"라는 덕담을 해준다.

25년이라는 세월이 지나고 나니 그때 장학금을 받던 학생들이 하나 둘 자리를 잡아가는 모습들이 보인다. 이왕이면 그들이 큰 회사의 사장도 되고 국회의원도 되어서 김천 발전에도 기여하고 우리 사회의 등불로 크게 자리매김해주면 좋겠다.

지금도 세상 어디에선가는 오른손이 하는 일을 왼손도 모르게 자선 사업을 펼치는 사람들이 많이 있겠지만 나는 장학사업만큼 의미가 깊은 사업도 없다고 생각한다. 특히 요즘처럼 부가 대물림 되고 부모의 학력이 자식의 학력으로 이어지는 학력 대물림 사회에서 장학사업은 희망이 되어줄 수 있다고 믿는다. 가난 때문에 하고 싶은 공부를 할 수 없는 것만큼 불행한 일은 없지 않은가. 그렇기에 나는 어떤 식으로든 장학재단을 만들어 가난한 학생들에게 날개를 달아주는 일을 멈추지 않을 생각이다.

최선을 다하고
하늘의 뜻을 기다려라
- 진인사대천명

중학교 2학년 때 김구 선생처럼 위대한 지도자가 되기로 결심한 뒤 내가 할 수 있는 일은 공부를 열심히 하는 것뿐이었다. 또 정치가가 되려면 리더십이 있어야 되는데 그러려면 학생회장 같은 것을 하면서 리더십도 쌓고 함께 갈 수 있는 사람들도 있어야 한다는 생각도 했다.

그래서 학생회장 선거에 나갔는데 운 좋게도 모두 당선되었다. 생각해보면 재미있는 추억이 되었는데 당시에는 어떤 공약을 내걸지 밤낮으로 고민했었다. 그중 가장 기억나는 것은 김천중학교 학생회장 선거 때이다.

나는 당당하게 김천여중과 연결되는 구름다리를 놓아준다는 공약을 펼쳐서 당선이 되었다. 한창 이성에 눈뜰 무렵의 친구들을 대상으로 핑크빛 공약을 내세워 당선되었으니 사람의 마음을 읽는 데는 제법 소질이 있었던 듯하다.

하지만 이런 즐거운 시절만 있었던 건 아니다. 공부만 전념할 수 있었던 중·고등학교 시절은 차라리 행복했다. 고등학교 졸업반이 되어 막상 대학에 진학할 무렵이 되자 꿈과는 관계없이 내가 선택해야 하는 현실이 기다리고 있었다.

내 꿈은 일류대 법대에 가서 고시를 준비하는 것이었지만 아쉽게도 전기대 시험에서 낙방을 했다. 집안 형편상 재수는 꿈도 꿀 수 없었다.

어쩔 수 없이 친구들과 함께 후기대에 원서를 냈다. 선원 양성을 주목적으로 하는 부산의 한 대학이었다. 그런데 거기서 사주를 봐주는 사람을 만났다. 부산에서 알아준다는 유명한 도사였는데 우리에게 사주를 봐주겠다고 하였다.

우리는 반 장난으로 다 같이 사주를 보기로 했는데 드디어 내 차례가 돌아왔다. 그런데 그 도사가 나를 보더니 대뜸 이렇게 말했다.

"자네는 절대로 마도로스 할 사람이 아니야! 학생이 마도로스가 되면 반드시 물에 빠져 죽을 팔자야. 당장 짐싸서 돌아가게. 육지에서 다른 일을 하면 40대 초반에 크게 빛을 볼 관상이야."

"다른 것이라면?"

“정치를 하는 것이 좋겠네. 관상이 정치가로 타고 났어.”

우연히 본 사주와 관상이었지만 막상 배를 타면 물에 빠져죽는다는 말을 들으니 괜히 마음에 걸렸다. 하지만 당시의 나로서는 다른 선택의 여지가 없었기에 합격통지서를 받고 바로 등록을 해버렸다.

그런데 그 도사가 용하긴 용한 모양이었다. 결과적으로 나는 다니던 학교를 중도에 포기하고 내 꿈을 찾아서 법대 편입을 했으니 말이다. 장차 정치가가 되고 싶은 내 꿈을 포기할 수 없어 고민에 고민을 거듭하다가 방향을 선회한 것이었다. 그 후로 나는 여러 가지 직장을 전전하면서 계속 학업을 이어나갔다. 내가 믿는 것은 단 하나였다.

진인사대천명(盡人事待天命).

내게 주어진 일에 최선을 다한 후 하늘의 뜻을 기다린다.

내가 진인사대천명을 좌우명으로 삼게 된 것은 어려서부터 아버지께 누누이 들었던 우리 집 가훈 때문이었다. 아버지께서는 시골의 가난한 농부였지만 다섯 아들을 키우면서 늘 하신 말씀이 있다.

“농사를 지을 때도 열심히 일하는 사람이 가을에 큰 수확을 거둔다. 일을 하지 않고 놀면 큰 수확을 거둘 수 없다. 무릇 모든 일이 그러하다.”

아버지는 다섯 아들에게 따로 공부하라는 말씀을 하지 않으셨다. 다만 모두의 앞에서 이런 말씀을 하셨다.

"성공하고 싶은 사람은 열심히 공부해라. 열심히 사는 사람이 나중에 성공한다. 지금 당장에야 나타나지 않겠지만 30년, 40년 지나면 누가 공부했는지 열심히 했는지 다 나타난다."

솔직히 이야기하면 아버지의 이런 말씀이 어린 시절에는 잘 이해되지 않았다. 하지만 아버지가 그 말씀을 하셨던 나이쯤 되니 실로 그 말씀이 옳았구나 하는 것을 깨달았다.

지금은 미약해도 최선을 다하면 반드시 빛나는 결과를 얻는다

30~40대에는 모두 비슷비슷하게 사는 것 같아 보인다. 하지만 그 시절을 어떻게 살아내는가에 따라 50~60대가 되면 엄청난 차이가 나타난다. 결국 별 도리 없이 스스로 살아온 삶에 대한 책임을 지고 그 결과에 승복하며 인생을 살 수밖에 없다.

다행히 나는 아버지의 말씀을 새겨듣고 대학 때부터 허튼 데 한눈팔지 않고 열심히 책도 읽고 영어 공부도 한 덕분에 공무원이 되기 전에도 은행, 건설회사, 연대 의료원 같은 좋은 직장에 취직할 수 있었다. 다니는 직장마다 일은 재미있었다. 하지만 만족할 수는 없었다.

하고 싶은 일, 하고자 하는 일이 명확했으니 당연한 결과였다. 나는 국회의원이 되기 위해 준비를 계속했다. 1992년 14대 국회의원 선거에 출마하기 위해 꾸준히 준비를 했었다.

그런데 당시 주변에서 너무 젊은 나이라며 말리는 사람이 많았다. 충고가 일리가 있다고 생각하여 그때는 나서지 않았다. 다만 마음만큼은 '나는 정치가다'라고 먹고, 덕천장학회를 통해 인사 드린 지역구의 유지나 친지들, 지역민들에게 더욱 자주 편지를 보냈다. 지금은 휴대전화이다, 인터넷이다 해서 커뮤니케이션의 수단이 다양해졌지만 당시만 해도 집에 전화기 한 대 없는 집이 많았기 때문에 일일이 편지를 썼다. 활자로 인쇄하는 대신 직접 손으로 써서 복사를 하여 한 장 한 장 우표를 직접 붙여서 보냈다. 할 수 있는 한 마음을 다하고자 하는 의지 때문이었다. 내가 가진 '열정과 정성'이라는 재산을 최대한 활용하고, 최선을 다해 성의를 보였다.

1996년 내가 국회의원으로 당선이 되었을 때 지역민들이 하나같이 한 말이 있다.

"자네는 편지 하나로 금배지를 따낸 친구야."

그러면서 '편지 국회의원'이라는 별명도 생겼다. 나는 그 별명을 사랑한다. 나에게는 그것이 누구보다 깨끗하게 선거를 치렀다는 증표이기 때문이다.

백범 김구 선생의 위대한 업적에는 따라가지 못하겠지만 나는

깨끗한 정치인이 되어 세상을 밝히고 우리나라와 고향의 번영을
위해 기꺼이 이 한 몸 바칠 수 있는 멋진 정치가가 되기로 늘 마
음 속으로 다짐하며 하루 하루를 살아가고 있다.

끝없이 공부하고
새로운 방법을 모색하라
– KTX가 김천에 서게 된 비결

몇 달 전 박형준 대통령 사회정책 특보가 전기안전공사에서 특강을 한 일이 있다. 강의 전에 잠시 환담을 나누던 중 내가 주말에 KTX를 타고 김천 다녀온 이야기가 화제가 되었다.

"아니 KTX가 김천에도 섭니까?"

박 특보는 놀라움을 감추지 못했다. KTX를 탈 기회가 거의 없어 김천에 KTX가 서는지 전혀 몰랐다고 했다. 그에게 나는 자랑스럽게 말했다.

"섭니다. 서고말고요. 저와 김천 시민이 김천에 KTX 역사를 세우기 위해 얼마나 많은 노력을 했는데요……."

나는 지금도 KTX 김천역사 유치에 관한 이야기만 나오면 감회가 새로워져 나도 모르게 무용담을 펼쳐놓게 된다.

KTX 김천역사 유치는 내가 삼선 국회의원을 지내면서 이룬 성과 중 가장 최고봉이라 할 만큼 의미 있는 사업이었다. 앞서 이야기한 것처럼 지역구 의원으로 처음 국회에 입성했을 때 나는 김천을 위해 내가 할 수 있는 일이 무엇일까 열심히 고민했고, 그 결과 김천 발전을 위한 도로 확충의 필요성을 느꼈다. 그래서 국회에 입성하자마자 건설교통위원회에 들어가 김천의 고속도로 및 국도 확충에 힘쓰는 한편 KTX 역사 유치에 주력했다. 본래 KTX 경부 노선은 김천에는 정차하지 않고, 동대구와 대전이 곧바로 연결되는 노선이 확정적이었다.

김천시의 입장에서는 위기 상황이었다. 그렇지 않아도 도시화로 인해 많은 사람들이 대도시로 떠나고 있는 마당에 KTX까지 운행되고, 김천에 역이 들어서지 않으면 김천은 더욱더 소외될 수밖에 없었다. 나는 몇 번이나 건설교통부를 방문해서 지역경제 활성화와 균형발전을 위해라도 KTX 김천역사 설립을 적극적으로 검토해야 한다고 주장했다. 하지만 나의 이런 노력은 지역구 국회의원의 자기 지역구 챙기기로만 비춰지는 듯했다.

그렇다고 포기할 수 없었다. 여기서 포기하면 김천은 발전은 커녕 후퇴하는 일만 남는다고 생각했다. 그래서 목숨을 걸 각오를 하고 재선 공약으로 KTX 김천역사 유치를 내걸었다. KTX 김천역사 유치는 그렇게 나도 살고, 김천도 살기 위한 절체절명의 과제가 되었다.

이런 노력을 알아주기라도 한듯 김천 시민들은 15대 국회의원 선거에서 나의 손을 들어주었다. 나에 대한 신뢰가 기본적으로 있었겠지만 그만큼 김천 시민들의 KTX 김천역사 유치에 대한 열망이 높았기 때문일 것이다.

나는 15대 국회에 입성하자마자 KTX 김천역사 유치에 정치적 생명을 걸었다. 국회 차원의 추진위원회 결성과 범위원 서명 운동, 대정부 압박을 통한 전략 등 KTX 김천역사 유치의 타당성과 필요성을 끊임없이 주장했다. 이런 지난한 과정을 통해 마침내 건설교통부로부터 긍정적으로 검토하겠다는 답변을 얻어냈다.

모르긴 해도 그 시절 건설교통부 실국장급 간부들 중에서 나와 차 한 잔 안 마신 사람은 없을 것이다. 그만큼 발로 뛰면서 당위성과 필요성을 알렸다.

유연하게 생각하고 항상 배우며 답을 찾아라

이런 노력이 결실을 맺을 수 있었던 것은 국회 건설교통위원회 소속 동료 의원들이 나의 주장을 전폭적으로 지원해주었기 때문이다. 나는 동료 국회의원 및 정부 당국자들을 일일이 직접 만나 유치의 당위성을 설명하고 협조를 요청했다. 그런데 그때마다 그들은 한결같은 목소리로 고개를 갸우뚱하며 나에게 반문을 했다.

"고속철도는 '신속'이 최우선인데, 의원님 주장처럼 자꾸만 중간에 역사를 만들어서 정차하게 되면 속도가 느려져서 저속철도가 되지 않습니까?"

틀린 말이 아니었다. 고민 끝에 나는 일본과 프랑스를 방문했다. 고속철도의 선두주자이자 모범이라 할 수 있는 일본의 신칸센과 프랑스의 테제베를 직접 연구하고 거기서부터 해결책을 얻어보려는 계산에서였다.

'백문이 불여일견'이라더니 과연 방문한 보람이 있었다. 내가 본 바로는 신칸센이나 테제베의 경우 역과 역 사이의 거리가 대개 50킬로미터 정도였다. 그들은 이 조밀한 역과 역 사이의 간격을 어떤 열차는 통과시키고, 또 어떤 열차는 정차하는 등 운용의 묘를 발휘함으로써 고속철도의 장점은 그대로 유지한 채 보다 많은 국민들이 혜택을 누릴 수 있도록 배려하고 있었다.

한국으로 돌아온 나는 일본과 프랑스의 경우를 예로 들어가며 유치의 타당성을 설파했다.

"현재 대전-대구 간의 거리가 122.4킬로미터로서 그 절반은 61.2킬로미터입니다. 김천은 딱 그 중간에 위치해 있습니다. 우리도 일본이나 프랑스처럼 제한적으로 운영하면 됩니다. 예컨대 서울에서 부산까지, KTX를 1일 40회 운행한다고 칩시다. 그 모두가 김천역에 정차할 필요는 없습니다. 김천은 10대 정도, 즉 오전과 오후에 각각 5대 정도만 정차하면 됩니다. 다시 말해 천안에 선 것은 김천을 통과하고, 김천에 정차하는 것은 천안을 그냥 통과하는 식으로 지그재그로 운행하면 아무 문제가 없습니다.”

타당성과 논리적인 근거를 갖추니 사람들은 이 말에 관심을 기울였다. 그동안 부정적인 태도로만 일관해왔던 건설교통부 직원들도 솔깃한 눈치였다. 나는 목소리에 더욱 힘을 주어 열변을 토했다.

“속도의 문제는 이것으로 해결하면 되고, 그 다음은 경제성인데, 이 역시 충분합니다. 김천을 중심으로 구미, 성주, 칠곡, 상주, 거창의 인구가 대략 80만 명쯤 됩니다. 이만하면 역 하나를 세워도 무난하지 않습니까? 그렇다고 거창한 역사를 바라는 것도 아닙니다. 그저 이용에 큰 불편만 없는 정도면 족합니다. 부디 긍정적인 검토를 바랍니다. KTX가 운행되면 김천은 경북 서북부 지역의 중심도시로 새롭게 태어날 것입니다.”

이렇게 국회 건설교통위원회 소속 의원들과 건설교통부 국장급 이상 공무원들을 맨투맨으로 만나가며 설득해나갔고 결국 그들 모두는 내 말에 동의하게 되었다. KTX 김천역은 이런 과정을 통해 세워졌다.

KTX 역사 유치는 국책 사업이고 건설교통부 관할이다. 도로 역시 100퍼센트 국비가 투입되는 사업으로 김천시가 아닌 국가

사업이다. 많은 김천 시민들이 이 사실을 잘 모르고 이 두 가지 사업을 김천시의 업적으로 잘못 알고 있는데 이 부분은 사실 이런 나의 노력이 기반이 되었음을 조금은 자랑하고 싶다.

이 두 가지 사업, 즉 김천을 중심으로 한 모든 고속도로와 국도를 확충해서 명실공히 대한민국 최고의 교통 요충지로 부상시킨 일과 KTX 김천역사 유치를 확정지은 것은 1~2년 노력으로 이루어질 수 있는 일이 아니다. 꾸준하게 힘을 발휘할 수 있도록 김천 시민들이 세 번 연속으로 나를 국회의원으로 당선시켜주었기에 그 일을 해낼 수 있었다.

그러지 않았다면 오늘 김천에는 KTX 역사가 없었을지도 모른다. 단적으로 도로 하나를 건설하기가 어려운 것은 엄청난 예산도 문제지만 장기간에 걸친 사업이기 때문이다. 예컨대 김천-왜관 사이의 도로를 건설하거나 확장한다고 해보자. 이 경우 건설교통부에서 교통량을 측정해서 타당성을 심의하는 데에만 6개월이 걸린다.

그리고 심의를 통과하면 기본 설계에 들어가는데 여기에 1년이나 1년 반이 소요된다. 기본 설계를 마치면 실시 설계라는 과정이 진행되는데 여기에 6개월이 든다. 그렇기에 최하 2년은 지나야 계획이 확정되고 시공사를 선정해 건설에 착수하게 된다. 더구나 보통 시공기간이 5년이니 도로 하나를 계획해서 완공하기까지 7~8년이 소요되는 셈이다.

이렇게 장기간이 소요되는 도로망 확충 사업은 국회 건설교통 상임위원회에서 2년 정도 활동한다고 해서 해결할 수 있는 있는 일이 아니다. 만약 그럴 수 있는 일이었다면 실시 설계만 하다가 물러나야 하기 때문이다. 그래서 아예 건설교통위원회에 눌러앉 았다가 동료 의원들로부터 건설교통위원회에 혼자 너무 오래 몸 담고 있다고 원성도 많이 들었다.

예나 지금이나 편리한 교통 환경은 한 지역이 발전하는데 가 장 중요한 요소이다. 김천만 하더라도 과거에는 충청도에서 추 풍령을 넘어 경상도로 통하는 교통의 중심지여서 조선 후기에서 일제시대 초기에는 김천장이 대구 다음으로 큰 시장을 형성하며 활기를 띠었다. 그리고 1905년 경부선, 1931년 경북선, 1918년 경 부국도, 1970년 경부고속도로가 통과함으로써 교통의 요지로 더 욱 부상할 수 있었다. 그러던 것이 산업화 시대를 거치면서 신흥 도시인 구미의 그늘에 가려 도시 및 시장의 기능이 침체되었다.

지금 김천은 그야말로 거미줄 같은 교통망을 자랑한다. 고속 도로와 철도, 그리고 고속철도가 종횡으로 얽혀서 우리나라의 웬만한 곳이면 2~3시간 안에 도착할 수 있는 새로운 교통의 중 심지로 부상하고 있다.

이제 KTX 김천역사도 완공되었고 김천시 인구만 3~4만 명 늘 어나면 김천시는 정말 살기 좋은 활기찬 도시가 될 것이다. 요즘 김천은 혁신도시 추진으로 제법 활기가 돌고 있다. KTX 김천역사 완공은 마치 마른 논에 봇물을 대듯이 김천에 활력을 불어주었다.

내가 일본과 프랑스를 오가며 KTX 김천역사 유치를 가능하게 한 것은 어떻게든 김천에 KTX를 세우겠다는 의지의 표명이었고 그 의지는 지그재그 운행이라는 해답을 안겨주었다.

유연한 사고로 다르게 생각하고, 끊임없이 연구하고 공부한 것이 결정적인 해결책을 찾을 수 있게 해주었다. 나는 인생의 모든 일이 그러하다고 생각한다. 살다 보면 뜻하지 않게 여러 가지 문제와 난관에 부딪힐 일이 있겠지만 평소 유연한 사고로 무장한다면 어떤 일이 닥쳐도 잘 헤쳐나갈 수 있으리라 믿는다. 무엇보다 포기하지 않고, 새로운 방법을 찾기 위해 공부하고 노력한다면 반드시 좋은 성과를 거둘 수 있다고 믿는다.

매일 조금씩,
10년의 노력이 일구어낸 성과
– 김천 혁신도시 유치 이야기

2004년 1월 16일 국가균형발전 특별법이 제정·공포되었다. 국가균형발전 특별법은 인구와 경제력의 수도권 집중 현상이 심화되면서 지역 간 격차가 커지는 것에 대한 문제의식으로, 지역 간 균형 발전을 도모하고자 만들어진 법안이다. 즉 전 국민이 살기 좋은 환경을 조성하기 위한 것으로, 낙후지역에 혁신기반을 구축하여 도시와 농촌 간의 상생발전을 이루고, 이를 통해 사회적 통합을 이루어내는 것을 목적으로 하는 법안이다.

이 법에 의거하여 혁신도시 조성 방안이 추진되었는데 혁신도시 조성 사업이란 지방의 거점 지역으로 공공기관을 이전해 '작지만 강한' 새로운 미래형 도시를 조성하는 것을 말한다. 기업과 대학, 연구소 등 우수한 인력들이 한 곳에 모여 서로 협력하면서 지식기반사회를 이끌어가는 첨단도시를 구성하는 것이 혁신도시 사업의 핵심이다.

혁신도시 조성 사업에는 수준 높은 주거와 교육, 문화를 갖춘 쾌적한 친환경도시의 건설도 포함되어 있었다. 이렇다 보니 지방의 도시들이 너도 나도 혁신도시 유치에 사활을 걸기 시작했다.

특히 경상북도의 경우에는 그 어느 시도보다 더욱더 경쟁이 치열했는데 상주, 구미, 안동, 포항, 경주 등 대표적인 도시들이 모두 후보 도시로 거론될 만큼 접전을 벌였다. 결과적으로 막판까지 숨 가쁜 레이스를 펼쳤던 경상북도의 혁신도시는 김천시에 조성이 되는 것으로 결정이 났다. 김천시 농소면과 남면 일원 105만 평에 건립되는 김천 혁신도시에는 도로교통 기능과 농업지원 기능을 담당하는 공공기관 13개가 2012년 12월까지 이전하기로 했다.

그런데 김천이 혁신도시로 지정될 수 있었던 가장 큰 동력은 김천의 교통 조건이었다. 사통팔달로 뚫린 도로에 KTX 역사까지 들어섰으니 이보다 더 좋은 입지가 어디 있을까. 혁신도시 선정을 위한 평가 기준을 살펴보면 가장 중요하게 생각하고 가장 높은 배점을 차지하는 것이 바로 '간선교통망과의 접근성'이다. 즉 도로 및 철도와의 접근성이 좋은 도시가 혁신도시 선정에서 가장 좋은 점수를 받을 수 있다.

예로부터 교통이 좋아야 사람이 모이고 공장도 들어서게 마련이다. 서울에 본사 사옥이 있는 기업들이 솔직히 지방으로 오고 싶었겠는가? 정부 정책이 그러하니 어쩔 수 없이 따르는 것인데, 이왕이면 서울과 왕래하기 좋은 곳을 선호할 수밖에 없었을 것이다.

사실 이렇게 김천이 혁신도시로 지정되기까지의 여정은 쉽지 않았다. 전국의 모든 지방 시도에서 사활을 걸었을 뿐 아니라 워낙 쟁쟁한 경쟁자들과의 싸움이다 보니 평소 강심장이라 불리는 나조차도 불안했을 정도이다. 실제 포항, 경주, 안동, 상주, 영천의 국회의원들도 나 못지않게 열심히 뛰었다. 모두가 혁신도시를 유치하지 못하면 세상이 끝나기라도 할 것처럼 열심히 뛰는 모습이 내 눈에도 보였으니 다들 많은 고생을 했을 것이다. 사실 어떤 일이든 열심히 뛰는 사람만이 승리를 거두기 마련인데, 혁신도시 유치 사업의 경우는 누가 더 열심히 했다고 말할 수 없을 정도로 모두 목숨 걸고 사생결단의 자세로 임했기에 그 결과에 대해 누구도 예측할 수 없었다.

차근차근 준비해나가면 무엇이든 이룰 수 있다

이런 피 말리는 경쟁에서 김천이 승리한 것은 그야말로 인간

승리였다고 생각한다. 내가 국회의원이 된 1996년부터 2005년까지 김천의 교통은 하루가 다르게 변모했다. 매일 매일이 달라졌다는 말이 딱 맞을 정도로 그 10년간 김천에서는 매일 도로공사가 진행되었다. 이런 변화와 준비가 김천에 혁신도시를 선사했다고 믿는다. 여기에 더해 나는 물론이고 김천 시민 모두가 총력을 다하여 얻어낸 결과이다.

그때를 생각하면 만감이 교차한다. 삼선 의원으로서 나는 혁신도시 유치와 관련된 모든 관계자를 일일이 만나 설득하기 위해 뛰었다. 건설교통부는 물론, 경북 혁신도시로 이전 예정인 13개 공공기관의 장들을 모두 수십 번씩 찾아다니며 왜 김천에 혁신도시가 유치되어야 하는지 설파했으며 수차례의 서신과 면담을 통해 나의 강력한 의지를 다시금 확인시켜주었다. 또한 박팔용 김천시장께서 김천 혁신도시 유치 범시민 추진위원회를 만들어 혁신도시 유치에 대한 김천 시민들의 열망을 적극적으로 보여주었다.

이런 노력을 거쳐 2005년 12월 13일, 김천 혁신도시가 최종 확정 발표되었다. 김천시가 KTX 김천역사 유치와 혁신도시라는 두 개의 날개로 지역 발전의 대장정을 향해 힘차게 날아오를 수 있게 된 것이다.

혁신도시를 통해 김천이 얻을 경제적 효과는 엄청날 것이다. 한국도로공사를 비롯한 13개 공공기관 임직원 3천 9백여 명과 협력업체들이 지역에 정착하면서 약 200억 원의 파급효과를 불러올 것으로 전망된다. 그중에서도 특히 한국도로공사는 협력업체만 무려 5천여 개에 달하기 때문에 이들 협력사들이 쏟아낼 경제적 파급효과만 수천억 원에 이를 것이라고 하니 김천 발전에 긍정적인 영향을 미칠 것이다. 그런 생각을 하면 그간의 고생은 아무것도 아닌 것이 되고 어떤 때보다 신이 나고는 한다.

전문가들에 따르면 KTX 김천역사 유치와 혁신도시 건설로 파생되는 시너지 효과는 2조 2천억 원에 이를 것이고, 그로 인한 인구 유입도 3만 명에 달할 것이라고 한다. 얼마나 기분 좋은 일인가? 그간의 고생과 노력이 지역 주민에게 이렇게 경기 부양으로 이어질 수 있다는 것은 국회의원으로서 그 어떤 것과도 바꿀 수 없는 기쁨이다.

하지만 지역경제 활성화를 위한 나의 바람과 더 많은 계획은 2008년 공천 탈락으로 인해 모두 수포로 돌아갔다. 계주에서 잘 달리고 있는 선수의 발목을 걸어 넘어진 것 같은 그런 상황이었다. 솔직히 말해 김천은 그동안 전국체전과 소년체전을 유치하기 위해 체육, 문화, 환경 등에 너무 많은 예산을 쏟아 부었다. 그렇기에 이제 지역경제에 올인하는 일만 남았다고 생각했는데 지난 4년간 그 기회를 잃어버려서 마음이 참 아프고 무거웠다.

물론 내가 아니어도 현재의 국회의원과 시장이 책임지고 김천 경제의 발전을 이끌어주기를 진심으로 바랐다. 하지만 안타깝게도 지난 3년간 인구가 가장 많이 줄어들었고 지역경제도 심각하다. 오히려 더 어려워졌다는 생각을 지울 길이 없다. 그래도 김천 혁신도시라는 희망의 빛이 아직 남아 있으니 포기해서도 안 되고, 포기할 수도 없다. 앞으로 김천 드림밸리 및 신도시 조성 사업이 완성되면 김천의 모습도 확연히 달라질 것이라 믿는다. 무엇보다도 김천에 더 많은 기업을 유치해서 지역 경제를 살려 내고, 자립도 높은 도시를 건설하는 데 내 모든 열정을 바치고 싶다.

누구보다 지역경제를 살리는 길을 잘 알고 있다고 생각한다. 토박이로 자랐고, 12년의 경험으로 무엇이 문제이고 가능성은 무엇인지를 너무 잘 알기 때문이다.

지금껏 주장해온 것처럼 크게 세 가지 방법인데 기업을 유치하고, 농촌을 살리고, 훌륭한 교육 환경을 만들어 인구를 유입시키는 것이다. 이제 이 방법은 혁신도시의 유치로 훨씬 실현 가능성이 높아졌다.

미래는 준비한 자에게만 달콤한 열매를 내어준다. 그런 의미에서 김천은, 그리고 나는 지금까지 충분히 준비해왔고 이제 그 기회를 토대로 비상할 일만 남았다고 자부한다. 나는 그 길에 앞장서고 싶다. 그래서 열심히 노력하면 꿈은 반드시 이루어진다는 것을 보여주고 싶다.

어느 누구도 김천이 지금처럼 발전하리라는 것을 예상하지는 못했지만 오늘을 이루어냈듯이, 앞으로 대한민국에서 가장 경쟁력 있는 도시 중의 하나가 되리라는 것을 예상하는 사람은 별로 없을 테지만 그것을 가능하게 만들어낼 수 있다고 믿는다. 열심히 노력하면 그 꿈이 반드시 이루어진다는 것을 이미 몸소 체험했기 때문이다. 물론 노력의 결과가 당장 나타나는 것은 아니다. 그러나 결정적인 순간에 그 노력은 반드시 결실을 맺는다. 그러니 무엇이든 지금부터 조금씩이라도 계속 꾸준하게 준비해가야 할 것이다.

평생 배우는 자세로
끊임없이 준비하라

젊은 시절 태안 바닷가에서 학생들을 가르칠 때부터 지금까지 나는 계속 강의를 해왔다. 연세대, 영남대, 대구대의 겸임교수로 있었고 한성대에서는 '정치학' 강의를, 연세대 행정대학원에서는 '선거와 정치' 과목을 오랫동안 강의를 해왔다.

나는 학생들을 가르치는 일이 좋고 교육만큼 보람 있는 일은 없다고 생각한다. 내가 정치인이 되지 않았으면 교육자가 되었을 것이라고 생각하는 까닭도 다 이런 이유 때문이다.

내가 강의를 하면서 학생들에게 항상 강조하는 것이 한 가지 있다. '사람들은 성공을 하기 위해 일확천금을 노리지만 세상에 그런 일은 없다'는 것이다. 오히려 하나 하나 열심히 준비를 하다 보면 언젠가 기회가 찾아오고 그 기회를 잘 잡는 것이 성공의 열쇠라고 말해준다. 기회라는 것이 한 번 오고 마는 것이 아니라 적어도 한평생 두세 번은 오는 것이기 때문에 그때를 위해 항상 준비를 하는 삶을 살아야 된다는 것이 나의 성공 철학이다. 여기서 준비라는 것은 공부를 말한다. 특히 가장 중요한 것은 자기 분야에 대한 공부를 가장 많이 하는 것이다.

예를 들어 은행에 다닌다고 하면 우리나라의 금융정책이나 세계금융가의 흐름 등 거시적인 관점에서 공부를 하고, 그 분야의 전문가들과 인적 네트워크도 잘 구축해야 한다. 설사 경영학과를 졸업해서 그 분야에 대한 지식 정보를 충분히 가지고 있다고 하더라도 시시각각으로 빠르게 변화하는 오늘날에는 그것만으로는 충분하지 않다. 더군다나 학교에서 공부한 것과 실제 사회에서 필요한 지식이 똑같지는 않다. 현장에서는 더 기민하게 대응할 수 있는 살아 있는 지식이 필요하다. 나아가 아무리 뛰어난 사람이라도 전체적인 그림을 보고, 그리지 못하면 큰 인물이 되긴 어렵다. 다시 말해 평소 자기 실적만 체크하고 자기 일만 잘하는 사람은 지점장까지는 갈 수 있을지 몰라도 은행장이 되기는 힘들다는 것이다.

정치도 마찬가지가 아닐까? 정치를 계속 하려면 일반 정치학만 공부할 것이 아니라 인문학을 포함해서 모든 분야를 두루 섭렵해야 한다. 예를 들어 우리나라 역사와 야사는 물론이고 해방

후의 정치사 등도 공부해야 한다. 정계에서 성공한 사람들이 어떻게 성공했고, 성공하지 못하는 사람은 왜 잘 안 되었는지 연구를 해야 한다.

평소 지역구 여론이 좋고 의정활동을 열심히 하는 국회의원이 공천을 받지 못하는 것은 어떤 연유 때문인지 따져보고 알아놔야 다음에 자신에게 같은 문제가 생겨도 헤쳐나갈 수가 있다.

내 경우 18대 국회의원 선거 때 공천파동으로 인해 공천을 받지 못하면서 주변 사람들 볼 면목도 없고 정치에 대해서도 회의가 생겨 죽고 싶은 마음뿐이었다. 그나마 우리나라 공천 제도의 문제점에 대해서 평소 알고 있었고 그 피해 사례까지도 파악하고 있었기에 극한 상황까지 가지 않고 위기에 대처할 수 있었다.

모든 일이 마찬가지다. 자신의 분야에서 제대로 성공하려면 멀리 보고 크게 보고 공부를 하는 것이 중요하다. 학교 때 학점 잘 받고 수석으로 졸업했다고 회사에 들어와서 일을 다 잘하는 것은 아니다. 큰 그림 속에서 자신의 위치를 정확히 파악하는 것이 무엇보다 중요하다.

열린 사고를 위해 연구하기를 멈추지 말라

한국전기안전공사 CEO로 재직하면서 직원들이 일하는 모습을 보면 한 눈에 봐도 '아, 저 직원은 일 잘 하겠다' 싶은 사람이 있었다. 물론 100퍼센트 적중하는 것이 아니지만 대개는 맞아떨어졌다. 이런 사람들은 자기가 맡은 일을 잘 해내는 것은 기본이고, 대인관계가 원만하고, 무엇보다 꾸준히 자기 분야의 공부를 하면서 내공을 쌓아나간다는 특징이 있다.

다만 요즘은 예전처럼 업무 분야가 확연하게 구분이 되지 않는 경우도 많아 자기 분야뿐만 아니라 연관 분야에 대한 공부도 필요하다. 예를 들어 기술직 직원이 영업 분야 또는 홍보 및 교육 분야의 업무를 맡아서 하는 컨버전스 사례가 점점 늘고 있다.

나 역시 서울대 공대에서 강의를 할 때 경영학이나 인문학 관련 강좌를 부탁 받은 적이 있는데 요즘은 기술만 가지고는 승부를 할 수 없는 세상이 되었기 때문이라고 한다.

같은 상품이라면 더 좋은 디자인, 더 인간적인 콘텐츠가 담긴 상품을 선호하는 소비자들의 성향에 발맞추어 기술도 그에 맞게 개발해간다고 했다.

이처럼 자기 분야의 핵심 능력을 갖추고 관련 분야를 향해 수평적으로 뻗어나가다 보면 미래의 직업은 꼭 한 분야만 고집할 필요가 없다는 것을 알게 마련이다. 예를 들어 요즘은 한 분야의 전문가가 되면 대학 교수까지는 아니어도 강사나 겸임교수로 대학 강단에 설 수 있는 기회가 주어진다. 처음부터 교직에 몸담을 생각이 아니었다 하더라도 이미 누군가에게 자신의 지식정보를 나누어줄 수 있는 경지에 오르게 되어 자연스레 강단에 서게 되는 경우이다.

나 역시 여러 차례 선거를 치른 경험을 바탕으로 '선거와 정치' 강좌를 맡고 있는데, 강의를 맡아서 좋은 점은 사회에 나와서는 좀처럼 하기 힘든 공부를 꾸준히 하게 된다는 점이다. 학생들에게 내 강의가 재미없다거나 내용이 없다는 평가를 받지 않기 위해 나는 필요한 내용을 끊임없이 연구하게 되었다.

나는 강의를 할 때 적어도 몇 번 학생들을 웃겨야 된다고 생각한다. 비싼 돈 내고 소중한 시간을 내서 들으러 온 강의인데 많이 배워가도록 해야지 강의가 재미없다고 결석을 하거나, 강의 시간 내내 졸다 가는 학생이 있어서는 안 된다고 생각한다.

그래서 일단 재미있는 이야기로 학생들의 관심을 집중시킨 후 강의를 시작한다. 예를 한 가지 들면, 내 강의를 듣는 학생들 중에는 구의원에서 국회의원까지 정계 진출을 염두에 둔 학생들이 많다. 그래서 나는 본격적인 강의를 시작하기 전에 몇 분 정도 '지도자의 자질'에 대한 명상 자료를 준비해서 보여준다.

강의 중간에도 집중할 수 있도록 다양한 내용을 풍부하게 준비하려고 노력하는데 이를 위해서 항상 책과 신문을 열심히 본다. 신문의 경우 주요 일간지를 다 구독하지만 시간이 없어 다 못 볼 경우를 대비해 비서들에게 신문 사설만이라도 확대 복사를 해서 내 책상 위에 놓아두라고 말한다. 그리고 차로 이동하거나 식사를 할 때 자투리 시간을 이용해서 그 기사들을 챙겨본다.

마음가짐도 중요하다. 나는 강의실에 들어가기에 앞서 항상 스스로에게 '내가 강의를 하는 그 시간이 학생들과 만나는 마지막 시간이다'라고 각오를 새긴다. 어떤 일이든 이 사람과 나의 만남이 오늘이 마지막이라고 생각을 하면 좋은 이미지를 만들기 위해 더 노력하게 마련이다.

이런 노력 덕분인지 다행히 나의 강의는 항상 정원을 꽉 채우는 인기 강좌가 되었다. 7년 동안 연세대 행정대학원에서 강의를 하고 있는 '선거와 정치' 강좌는 수업의 특성상 30명 이상의 인원은 받을 수가 없어서 늘 아쉽기만 하다.

연세대학교 행정대학원의 교수진은 나와 비교할 수 없이 훌륭한 분들이 많다. 특강을 하러 오는 교수들 중에는 장·차관급 인사들도 많고 이름만 거론하면 알 만한 유명한 교수들도 많지만 이상하게도 내 강의에 항상 가장 많은 학생들이 몰리고 마감도 가장 먼저 된다. 그 이전에 대구대, 경북대, 계명대, 영남대, 서울대, 건국대 등 여러 대학에서도 특강을 많이 했는데 그때도 인기가 높았다.

왜 그럴까 생각해보았는데, 아마도 내 수업이 열린 강좌의 성격을 띠기 때문이 아닐까 싶다. 나는 학생들에게 나의 의견을 강요하지 않는다. 예를 들어 한반도의 통일이라는 주제를 가지고 강의를 할 때 무조건 통일이 되어야 한다고 주장하는 것은 아무런 의미가 없다. 교수로서 내가 할 수 있는 역할은 왜 통일이 되어야 하는지 학생들이 느낄 수 있도록 도와주는 것이다.

정답이나 경계가 없는 인문학적 관점에서 강의를 해야 한다고 믿기 때문이다. 더구나 중·고등학생도 아니고 대학원생들에게 이게 옳다, 저게 옳다고 말하는 것은 무의미한 일이라고 생각한다. 더구나 요즘 학생들은 워낙 아는 것도 많고 똑똑하기 때문에 그들에게 답을 찾아가는 과정만 안내하면 된다.

중요한 것은 언제나 열린 사고를 하는 것이다. 열린 사고를 하기 위해서는 한정된 공간과 지식 안에 매몰되지 않기 위해 끊임없이 공부하고, 연구해야 한다. 고인 물은 썩을 수밖에 없다. 지식 역시 마찬가지다. 정체된 지식은 언젠가 그 생명력을 다하게 마련이니 일생을 살아가면서 우리는 끊임없이 나를 위해, 세상을 위해 공부해야 한다고 믿는다.

이것 아니면 안 된다는
생각 대신 다음을 준비하라

요즘 수명은 길어지는데 정년은 짧아져서 다들 고민이 많다. 감사하게도 그나마 나는 그런 고민에서 조금 비껴나 있는 사람 중 한 명이다. 그런데 생각해보면 이런 고민은 다름 아닌 자신감의 문제이기도 하고, 젊은 시절을 어떻게 살아왔는지에 대한 책임의 문제이기도 하다.

태안반도에서 교편을 잡고 있던 시절, 솔직히 그 생활에 젖어서 계속 교사 생활을 할 수도 있었지만 내게는 정치라는 꿈이 있었기 때문에 과감히 교편을 놓고 내가 가야 할 길로 걸어갔었다. 그리고 운 좋게 삼선 국회의원이 되었지만 나와 상관없는 객관적 정세로 인해 국회의원직에서 물러났다. 한동안 국회의원이 아닌 다른 것은 생각할 수도 없어서 방황하고 괴로워했지만 그때 나를 다시 일으켜준 것은 '이것 아니면 안 된다'는 생각을 버리는 것이었다.

정치를 하다가 기업의 사장이 되고 기업의 사장을 하다가 교수가 되는 것이 가능해진 시절이다. 자신의 전문 영역만 확실하다면 더 이상 하나의 직장, 하나의 직업만 고집할 필요가 없는 다양성의 시대가 열렸다.

어디선가 들은 말인데 세상에서 가장 눈이 나쁜 동물이 사람이라고 한다. 인생은 길고 긴데 대부분의 사람들이 한치 앞만 보고 사는 지독한 근시라는 말이다. 나 역시 앞만 볼 줄 알아서 주변을 둘러보지 못하고 방황을 했던지라 그 말이 무척이나 가슴 깊이 와닿았다.

그래도 이제는 여유가 좀 생긴 것이 감사하다. 여유를 얻기까지 나는 계속하여 나 스스로에게 '남은 인생을 어떻게 살 것인가?'를 구체적으로 자문하면서 나름의 대답을 얻어냈다. 처음에는 무조건 정치인이 되어서 백범 김구 선생처럼 나라를 구하고 싶다는 정의감에서 시작한 정치인생이지만 지금은 순리대로 흘러가야 한다는 것을 깨달았다. 그래서 그렇게 순리대로 사선 의원이 되고, 오선 국회의원이 되어 과감하게 국회의장에 도전해볼 참이다. 국회의장이 되면 이루고 싶은 세 가지 목표도 정해놓았다.

첫째, 의회는 행정부로부터 독립이 되어야 하고, 그래서 더 이상 국회가 대통령의 눈치를 보며 국정을 망치는 일이 없도록 해야 한다.

둘째, 국회의 토의 문화를 바꿔야 한다. 야당이든, 여당이든, 다수당이든 소수당이든 무조건 반대를 위한 반대를 해서는 안 된다. 충분히 찬반 논의를 거쳐서 다수결의 원리에 따라 표결을 해나가는 민주적인 국회 운영이 확립돼야 한다. 그래야 여야 간의 다툼이 사라질 것이다.

셋째, 미국이나 다른 선진국 국가들에서는 이미 안착화된 상향식 공천제도를 시행하는 것이다. 제대로 된 공천은 주민들의 손에 의해 추대가 되어 진정으로 그 지역을 위해 일할 수 있는 사람이 국회로 가도록 만드는 것이라고 생각한다.

이 세 가지 과제야말로 진정한 민주주의를 이루고 깨끗한 정치문화를 정착시킬 수 있는 지름길이라고 확신한다. 국회의장은 내 정치인생의 마지막 종착역이 될 것이다. 그렇게 정치인생을 마친 뒤에는 다시 교육계로 나아가고 싶다.

물론 이 모든 것이 나 스스로 세운 내 인생의 로드맵이니 실현이 될 수도 있고, 이루지 못할 수도 있다. 하지만 모든 일이 긍정에서 시작해야 한다는 철학이 있기에 할 수 있다, 이룰 수 있다는 마음으로 살고자 노력할 것이다.

교육에 대한 관심은
미래를 위해 반드시 필요하다

내 꿈을 구체적으로 한 가지만 더 이야기하고 싶다. 내가 만약 대학 총장이 되면 제대로 올바른 교육을 펼쳐가고 싶다. 요즘 반값 등록금 문제로 나라가 시끄러운데 나는 대학생들의 그러한 목소리에 충분히 귀를 기울여야 된다고 생각한다.

얼마 전에도 친구가 "아들 등록금 내는데 등골이 휜다"라고 말하는 것을 들었다. 대학에서 생명공학을 전공한 딸이 의과전문대학원을 들어가는데 학비가 1천만 원이 넘는다고 했다. 그나마 그 친구는 대기업의 부장으로 있는데도 어렵다는 말을 할 정도니 그 정도 벌이가 되지 않는 가장들의 고충이 얼마나 클지 생각하게 되었다.

나도 계속해서 공부하면서 대학원을 여러 곳 수료했기에 우리나라 대학과 대학원의 등록금은 얼마나 비싼지 알고 있다. 그나마 등록금이 싸다고 하는 국립대는 그 수도 너무 적은데다 국립대라고 해도 등록금이 결코 만만한 금액이 아니다.

이런 여러 가지 상황을 보면서 나는 등록금에 의존하지 않는 대학을 한번 운영해보고 싶은 욕심이 생겼다. 정치인으로서의 경험과 공기업 CEO로서의 경험, 그리고 대학에서 줄곧 강의를 해온 경험을 살려서 대학 총장을 하면 잘 해낼 수 있을 것 같다.

지금의 대학과는 성격이 다른 대학을 만들어 개혁을 이루어내면 다른 대학으로의 파급은 시간 문제일 것이다.

교육은 백년지대계이고 나라의 기둥을 세우는 일이다. 교육이라는 순수한 목적으로 대학 경영이 이루어져야지 대학이 돈 버는 데 앞장서서는 안 된다고 생각한다. 혹자는 이런 나의 생각이 너무 진보적이라고 걱정을 하겠지만 내가 생각할 때 이제 대학 등록금은 대다수 국민들의 시름이 되었다. 정치를 하는 목적이 무엇인가? 국민들의 걱정거리를 덜어주고 국민들의 행복추구권을 담보해주기 위한 것이 아닌가. 기회가 된다면 꼭 한 번 우리나라에 바람직한 대학의 표상을 내 손으로 세워보고 싶다.

더구나 요즘 젊은이들을 보면 취직이 안 되어서 그렇지 정말로 똑똑하다. 나는 앞으로 우리나라의 교육 방향이 젊은이들의 가슴에 희망을 심어주는 쪽으로 가야 한다고 생각한다. 우리나라처럼 저력 있는 나라의 젊은이들이 공부에만 전념할 수 있도록 대학과 정부에서 어느 정도 뒷받침을 해주는 것은 당연한 일이지 않을까 싶다.

또 하나 간과할 수 없는 것은 초·중·고교생들의 교육이다. 요즘 학생들은 그 어느 때보다 많은 공부로 지식은 산만큼 쌓으면서도 그 지식을 활용하는 데 있어서는 그 어느 때보다 미력한 것 같다.

매년 연말, 나는 대학 수능시험을 마친 고등학교 3학년 학생들을 대상으로 특강을 나간다. 주로 모교인 김천고등학교에 가서 강의를 하는데 간혹 다른 학교에서도 초청이 되어 고3 학생들을 볼 기회가 많다.

이제 막 수능시험을 치르고 입시의 중압감에서 벗어난 고3 학생들을 대상으로 강의를 하는 것은 각별한 의미가 있다. 이들을 대상으로 하는 특강은 주로 긴 인생을 살아가기 위한 기본적인 삶의 태도와 관련된 것들인데 대부분 내 경험에서 우러나온 내용이다. 미래의 동량에게 내가 강조하는 것은 크게 세 가지다.

첫째, 하고 싶은 일을 해야 성공한다. 성공하기 위해서는 자신의 일에 흥미를 느끼고 적성에 맞아야 한다. 한 번 뿐인 인생인데 자기가 하고 싶지도 않은 일에 매달려 평생을 허비한다면 그보다 억울한 일이 어디 있겠는가.

둘째, 작은 일에도 최선을 다하라. 내 좌우명이기도 한 진인사대천명은 매사에 최선을 다하는 사람은 하늘도 버리지 않는다는 뜻으로 스스로의 경험을 통해서도 확신하고 있는 바이다.

셋째, 안목과 덕을 쌓으라는 것이다. 인생은 마라톤이다. 눈앞의 작은 일에 일희일비할 것이 아니라 인생 전체를 굽어보고 폭넓은 그림을 그릴 수 있는 넓은 안목과 통찰력이 필요한 동시에 덕이 있어야 모든 조직에서 리더가 될 수 있다.

한 나라의 미래는 그 나라의 청소년들이 어떻게 자라느냐에 따라 좌우된다. 그러므로 진정 나라의 장래를 걱정하는 국민은 그 무엇보다도 청소년들의 교육에 투자를 아끼지 말아야 한다.

그래도 오늘날 우리나라가 이만큼이라도 살게 된 것은 교육에 힘입은 바가 크다. 그러나 우리의 교육은 이제 또 다른 과제를 부여받고 있는데 그것은 바로 질적 혁신과 인성 교육을 도모하는 일이다.

올해도 나는 어김없이 모교의 후배들을 대상으로 특강을 하러 갈 것이다. 그들에게 해주고 싶은 말이 참 많지만 그중에서도 올해는 '이것 아니면 안 된다'는 생각을 버리라는 말을 해주고 싶다. 인생에서 목표는 중요하다. 그리고 그 목표를 향해 달려 나가는 것도 중요하다. 그러나 때로는 휴식 시간을 가지고, 이 외에 다른 길은 없는지 고민하는 시간을 가질 필요도 있다. 내가 하고 싶은 것이 무엇인지, 그것이 꼭 하나일 필요는 없다는 것을 아이들에게 말해줄 생각이다. 아이들의 미래는 너무나 찬란하므로 이것저것 여러 가지를 해보며 자신만의 경쟁력을 키워나가라고 말해주고 싶다.

해야 할 일이라면
미루지 말라

사람들은 흔히 공무원이나 공기업의 직원들을 보며 '복지부동'이라는 말을 떠올리고는 한다. 솔직히 내가 전기안전공사 사장으로 취임해 실상을 살펴보니 그 말이 그리 틀리지 않다는 것을 알았다. 모든 직원들이 다 그런 것은 아니지만 회사 돌아가는 상황이 전반적으로 느린 것만은 틀림이 없었다.

예를 들어 내가 국회에 있을 때는 아침에 어떤 일을 지시하면 늦어도 오후까지는 그 일이 처리되어 있거나, 적어도 진행 상황만큼은 보고가 되었다. 하지만 여기는 회사 내부 결제도 그렇고 관련 부처와의 공조도 그렇고 일 진행이 너무 더뎌서 보고 있을 수가 없었다.

나는 뭔가 변화가 필요하다고 생각했다. 여기에 더해 정부에서 매년 공기업의 직원 10퍼센트를 감축하라는 지시가 떨어졌다. 내가 부임할 당시 우리 회사의 직원이 약 2천 850명이었는데 그 해에 72명을 감축하라는 정부의 지시가 내려왔다. 꼭 정부의 정책이 아니더라도 회사 분위기를 쇄신하기 위해서는 구조조정이 반드시 필요했다. 솔직히 나이가 많다고 퇴직을 강요하는 것은 참 못할 일이다. 하지만 요즘 우리 사회의 가장 큰 문제 중 하나인 청년실업 문제도 누군가는 해결해야 할 몫이었다.

노령화 문제와 청년실업 문제, 이 두 가지 화두는 앞으로도 계속 우리 사회가 해결해야 할 과제가 되겠지만 일단 나는 사장으로서 회사를 살리고 발전시켜야 할 의무가 있었기에 단호한 결정을 내려야 했다. 노령화된 인력을 감축하고 젊은 인재를 뽑아 회사의 경쟁력을 높이고 활기를 불어넣는 것. 그것이 첫 번째 목표였다.

회사 내부에서는 2003년부터 정원을 동결해 더 이상의 인력감축은 무리라고 반발이 많았다. 하지만 본사 조직을 10개 정도 폐지하고 3개 사업소의 통·폐합을 추진하면서 조직의 슬림화와 효율화에 박차를 가했다.

다행히 정년을 맞아 퇴임하는 직원들과 자발적으로 명예퇴직을 원하는 직원들이 있었다. 여기에 매년 나오는 저성과 직원들의 권고사직을 고려하면 자연 감소 인력도 상당수가 되었다. 그

럼에도 여전히 30~40명 정도의 인원을 더 감축해야 하는 문제
가 있었다. 아무리 퇴직이 필요한 직원이라고 해도 차마 오랜 기
간 일해온 직장을 그만두라는 말이 입에서 나오질 않았다.

장고 끝에 나는 '특별 명예퇴직'이라는 제도를 만들었다. 전
간부들에게 성과금 15퍼센트를 걷어서 특별 명예퇴직 대상자에
게 퇴직 위로금을 주기로 한 것이다. 퇴직 위로금은 퇴직금과는
별도로 주어지는 돈이었기 때문에 직원들의 마음이 조금씩 움직
였다. 명예퇴직 대상자는 이왕 퇴직해야 한다면 조금이라도 더
많은 돈을 받을 수 있어서 좋고, 간부들은 퇴직자들의 고통을 함
께할 수 있어 위안을 받았다.

원칙을 실행함에 있어서도
따뜻한 마음을 더하라

모두가 기피하던 구조조정 문제에 인간적인 마인드를 접목시
키자 직원들의 협조가 생각보다 빠르게 이루어졌다. 피해갈 수
없는 구조조정이라면 최대한 따뜻하게 진행해나가자는 내 생각
에 직원들이 동조해준 것이다. 그 결과 취임 후 첫해에 신입사원
72명을 뽑고 이듬 해 53명, 또 그 다음해에는 상반기에만 40명의
신입사원을 채용할 수 있는 기반이 마련되었다.

쉽지 않은 결정, 쉽지 않은 과정이었지만 결과적으로 회사와 퇴직자 모두에게 가장 긍정적인 방식으로 진행되었다고 생각한다.

2008년 10월에 발령을 받은 후 2009년 4월에 대통령을 모시고 공기업 사장 80명이 1박 2일 동안 간담회를 하는 자리가 있었는데 그때 처음으로 공기업 중 신입사원을 채용한 곳이 우리 회사 단 한 곳뿐이라는 사실을 알게 되었다. 대통령께서 칭찬을 해주셨는데 다른 공기업 사장들이 너도 나도 찾아와서 어떻게 요즘 같을 때 신입사원을 뽑을 수 있었냐며 경이로운 눈빛을 보냈었다.

조금 냉정하게 보일 수도 있지만 나는 조직은 늘 순환되어야 한다고 생각한다. 전기안전공사 직원들의 업무 추진 속도가 상당히 빨라진 것도 이런 순환의 과정을 경험했기 때문일 것이다. 어떤 조직이든 오래 근무한 사람들은 일을 적게 하게 마련이다.

이에 반해 요즘 청년들은 정말 총명하고 일도 잘한다. 구조조정이라는 난관을 피하려고 젊은 인재를 영입하지 못하면 조직은 역동성을 잃어버린다. 일 잘하고 역동적인 사람이 많이 유입되어야 조직이 발전할 수 있다.

더군다나 전기안전공사의 경우만 놓고 보면 앞으로 시장 상황이 불투명한 상황이었다. 인구가 감소하면 집을 짓는 물량도 적어지고, 더구나 앞으로의 산업은 공장형 산업보다는 연구 개발에 더 힘을 쏟게 될 것이기에 상대적으로 전기 안전 진단 수요가 줄어들 수밖에 없기 때문이다.

그러니 나는 회사가 살아남으려면 우수 인력을 확보해 지금까지와는 다른 전략을 세우고, 새로운 기술을 개발해 해외로 눈을 돌려야 한다고 확신했다. 이를 위해서도 젊은 인재의 영입은 매우 중요한 과제라고 판단했다.

실제 회사가 젊어지면서 1인당 생산성이 상당히 증대되었다. 오래된 직원 한 명을 고용할 예산으로 두 명의 젊은 직원을 고용할 수 있는데다 일을 처리하는 것도 젊은 직원들이 훨씬 발빠르니 당연한 결과였다. 물론 구조조정의 필요성을 모르는 사람은 없을 것이다. 나 말고 다른 공기업의 사장들도 이런 사실을 알지만 구조조정이라는 것 자체가 누구에게나 '뜨거운 감자'가 될 수밖에 없기에 누구도 적극적인 인력 감축과 신규 일자리 창출에 나서지 못했을 것이다.

나 역시 회사가 어떻게 되든 3년 동안 자리만 지키고 앉아 있을 수도 있었다. 그저 조용히 책이나 보면서 결제나 해주면 나도 편하고 직원들 원망도 듣지 않아도 되니 얼마나 좋은가. 하지만 무슨 일을 하든 최선을 다해야 하는 내 성격상 가만히 앉아 있기도 힘들었을 뿐 아니라 무엇보다 국가 공무원이나 공기업의 직원들은 기본적으로 현 정부의 정책을 따라야 하고, 또 그것이 중요한 책무라고 생각했다. 김대중 대통령이든, 노무현 대통령이든, 이명박 대통령이든 일단은 대통령의 뜻을 따라주되 대신 그에 대한 평가는 먼 훗날 대통령이 짊어져야 할 몫이라고 생각한

다. 이런 이유로 나는 정부의 방침대로 인사정책을 펼쳤고 그것
이 또한 회사가 살아남는 길이라고 생각했다.

세상은 우리가 생각하는 것보다 훨씬 더 빨리 변하고 있다. 이
제 더 이상 적자생존의 시대가 아니다. 속자생존의 시대다. 변화
에 빨리 대응할 수 있도록 스스로를 변화시키는 조직과 사람만
이 살아남을 수 있다.

단 이런 경험을 통해 내가 얻은 가장 중요한 교훈이 있다. 원
칙을 적용함에 있어서 사람의 마음까지 다치게 해서는 안 된다
는 것이다. 모두의 마음을 열 수 있도록 돕는 것도 리더가 해야
할 역할이 아닐까.

4장

인생의 답은
사람에게서 구하라

내 고향 김천 그리고
김천 사람들

이즈음에서 내가 자라온 환경과 유년을 이야기해야 할 것 같다. 그 시절이 오늘의 나를 만든 기본 토대이고, 또 여전히 나를 지탱해주는 가장 귀중한 버팀목이기 때문이다. 우선 나는 김천에서 나고 자란 토박이다. 내가 나고 자란 내 고향 씰미 마을은 시골 중에도 아주 시골이었다. 내가 고등학교 2학년 때 전기가 들어온 곳이니 그때까지 내가 고향으로부터 받은 것은 자연이 주는 산물이 대부분이었고 문화적인 혜택 같은 것은 거의 없었다.

지금도 생각나는 것이 학교를 갔다 오면 제일 먼저 '호야'를 닦던 일이다. 요즘 젊은 사람들은 모르겠지만 호야는 굵은 심지

에 불을 켜고 가운데가 불룩하고 긴 유리 대롱을 끼워 바람을 막
도록 만든 등으로 연배가 조금 지긋한 분이면 이 호야를 밝히고
공부를 해본 경험이 있을 것이다. 호야는 호롱불과 다른 석유등
인데 호롱불보다는 훨씬 밝았다. 다만 너무 오래 켜두면 유리 대
롱이 시커멓게 변하기 때문에 밤까지 공부를 하려면 적어도 두
개 정도는 닦아 놓아야 안심하고 공부를 시작할 수 있었다.

우리 마을 앞에는 백마산이 자리를 잡고 있는데 우리 마을 사
람들은 곧잘 세상에 나가 사람 구실을 하는 사람을 보고 '백마산
정기를 타고났다'고 한다.

내가 국회의원이 되었을 때도 사람들은 '자네는 백마산 정기
를 타고난 사람일세' 라고 말해주었다.

사실 백마산은 외양만으로 봐서는 특별히 웅장하거나 장엄한
산은 아니다. 그럼에도 불구하고 내 마음 한구석에는 백마산이
자리 잡고 있어 오늘날까지 살아오면서 좌절하거나 용기가 나
지 않을 때 내 유년기와 청소년기의 든든한 버팀목이 되어주었
던 백마산을 떠올리며 새로운 힘과 의욕을 불러일으키곤 했다.

김천이라는 지명에는 내력이 있다. 예로부터 추풍령을 넘어서
면 거기가 곧 영남 땅이었는데, 그 영남 땅의 관문에 샘이 하나
있었다고 한다. 그런데 그 샘의 물맛이 어찌나 좋고 향기롭던지
가히 금(金)에 비유할 만하다고 하여 '금지천(金之泉)'이라 불렀
다. 김천이란 이름은 여기서 유래했다고 한다.

이러한 이름에 걸맞게 김천의 물맛은 예로부터 유명했는데 김천 포도와 김천 자두가 맛있기로 유명한 것도 이러한 수질과 무관하지는 않을 것이다.

내 고향 김천은 물맛만 좋은 곳은 아니다. 차고 달고 맑은 물을 먹고 자란 사람들의 심성도 곱고 선할 뿐만 아니라 자질도 뛰어나다. 특히 문화적·교육적 긍지가 대단한데 경북에서 가장 먼저 문화원의 문을 연 곳이 바로 김천이다. 또 매년 90퍼센트 이상의 4년제 대학 진학률을 자랑하는 김천고는 지난 2009년 자립형 사립고로 지정되어 우수 학생들이 대거 몰리고 있다고 한다. 선배로서 뿌듯한 일이 아닐 수 없다.

나는 자라면서 어머니보다는 아버지의 영향을 더 많이 받았다. 아버지께서는 정규교육 과정은 초등학교도 졸업하지 못한 학력이었지만, 독학으로 깨우친 한문 실력이나 필체는 누구 못지않으셨다.

그 시절의 부모님으로서는 드물게 자식과 대화도 많이 하시려고 노력하셨고 특히 학업에 관련된 것이라면 아무리 힘에 부친 것이라도 거의 빠짐없이 들어주셨다. 무엇보다 아버지는 항상 자식의 편에서 자식의 기를 살려주시는 분이셨다. 이런 아버지의 면모를 단적으로 보여주는 추억이 있다.

김천중학교 3학년 때였는데 경주, 부산 등지로 수학여행을 갔다 와서 수학여행 때 찍은 사진 값을 걷는 일을 내가 맡아서 하게 되었다. 그 당시 내가 중학교 총학생이었다. 그런데 사진 값으로 받은 돈을 주머니에 넣고 다니다가 별 생각 없이 한 푼 두 푼 쓰다 보니 나중에는 엄청난 돈이 비어버렸다. 걱정이 이만저만이 아니었다. 마침내 졸업을 앞두고 사진 값을 모두 지불해야 되는 시점이 왔다. 이러지도 저러지도 못하고 방 안에 틀어박혀 한숨만 쉬어대는 나에게 아버지가 물었다.

"인배야, 무슨 고민 있느냐? 얼굴색이 좋지 않구나."

차라리 잘되었다 싶어 나는 아버지께 사정을 털어놓았다. 그러자 예상 외로 아버지께서는 무덤덤하게 말씀하시는 것이었다.

"잘한 일은 아니지만, 사람이 살다 보면 그럴 수도 있다. 걱정 마라. 사진 값은 내가 대신 내줄 테니."

정확히 기억은 안 나지만 그때의 사진 값이 족히 10여 만 원은 되었을 것이다. 더군다나 가난했던 우리 집이 특히나 어려울 때였다. 그런데도 불구하고 아버지는 별 꾸지람 없이 돈을 빌려서 사진 값을 대신 내주셨다. 아버지의 그런 태도는 나로 하여금 더 많이 반성하게 만들었다. 그 후로 나는 공금을 관리하는 데에 더욱 철저해졌고, 어떤 상황에서도 공금에는 절대로 손을 대지 않았다. '인생에서 한 번은 실수할 수 있지만 똑같은 실수를 반복해서는 안 된다'는 다짐을 한 기회가 된 셈이다.

일찍이 서정주 시인은 '나를 키운 것은 8할이 바람'이라고 말한 바 있다. 바람처럼 떠돌았던 방황과 고뇌의 세월이 자기 시의 밑거름이 되었다는 뜻일 것이다. 그 말을 빌려 말한다면 '나를 키운 것은 8할이 아버지'였다. 아버지의 지극한 정성과 보살핌이 없었더라면 감히 오늘의 나도 없었을 것이기 때문이다.

지금 김천 고향집에는 아버지를 먼저 보내신 어머니만 홀로 살고 계시다. 아버지에 비해 어머니는 전형적인 시골 아낙네셨다. 자식을 위해서는 헌신적이며 이웃 간에는 인정 많은, 우리 세대의 부모님에게서 흔히 볼 수 있는 그런 평범한 어머니시다.

나의 형제들은 우애가 참 좋아 지금도 가장 든든한 지원군이 되어주고 있다. 특히 내가 정치를 하면서 순탄한 길만 걸어온 것은 아니기 때문에 어려운 길을 함께 겪으면서 형제 간에 우애가 더욱 돈독히 다져졌다. 생각할수록 고마운 일이다. 그렇기에 나는 늘 죽을 때까지 친인척에게 잘해야 한다는 생각을 가지고 있다. 대부분의 정치인들이 정사를 돌보느라 부모형제를 등한시하는 경우가 많은데 나 역시 알게 모르게 형제들에게 소홀한 부분이 있었을 것이다.

그나마 다행인 것은 내가 지역구 국회의원이기 때문에 적어도 일주일에 한두 번은 고향에 내려와서 지낼 수 있었다는 점이다. 출세를 해서 서울로 올라간 사람들을 보면 명절 같은 특별한 날이 아니면 고향을 방문하는 일이 거의 없는 것 같아서 아쉽기만 하다.

지우지음(知友知音)의
진정한 힘을 알아라

내가 고향을 자주 방문하는 또 하나의 이유는 친구들과의 모임 때문이다.

사람이 사노라면 각종 학연, 지연, 직업, 취미 등으로 인해 크고 작은 모임을 갖게 된다. 나 역시 여러 가지 인연으로 수많은 모임이나 클럽과 관계를 맺으면서 살고 있다. 그런데 그런 모임 중에서도 내가 가장 적극적으로 참여하고 싶어 하고 주도적으로 연락을 하는 모임은 고향 친구들과의 모임이다.

대표적인 것이 초등학교 시절 친구들의 모임인 설우회(雪友會)와 중·고등학교 동창들의 모임인 청송회(靑松會)이다. 설우회는 초등학교 시절 친구 여섯 명과 내가 의기투합해서 만든 모임이다. 설우회라는 이름을 지은 것은 '눈밭을 함께 뒹군 친구들'이기 때문이다. 우리는 1960년대의 헐벗은 경상도 시골 마을에서 책보를 메고 다니며 눈보라가 몰아쳐도 좋다고 고함을 지르며 함께 뛰어다니며 절로 우정이 다져진 친구들이다. 그래서인지 설우회 친구들과 모임이 있을 때면 너나없이 모든 것을 벗어던지고 개구쟁이 그 옛날 그 시절의 모습으로 되돌아가곤 한다. 설우회 회원들은 평상시에도 자주 만나 서로의 고민을 털어놓고 친구의 의견을 구하기도 하지만, 일 년 중 반드시 전원이 참석해야 하는 날이 있다. 눈발 속에 한 해가 저물고 새로운 한 해가 시작되는 12월의 마지막 날의 송년 모임이다. 이때는 반드시 전원 부부동반으로 참석해서 만 24시간을 함께 보내는 것이 우리들의 규칙인데, 아직까지 한 번도 이 규칙을 깨뜨린 사람은 없다.

청송회는 지금까지 내가 살아오면서 내 인생에 가장 많은 영향을 끼친 모임인데 '청년 송설 동창회'의 약칭이다. 활성화되지 않은 총동창회의 대안으로 30~40대 동창들이 주축이 되어 만든 동창회인데 이후 모교에 장학금을 전달하거나 지역 사회 발전에 크게 기여하는 모임이 되었다. 무엇보다 서로 간에 힘이 되어주며 사회에 나가서 밀어주고 당겨주는 동창회 본연의 역할을 잘 수행하면서 인간적인 친분도 두텁게 다져왔다.

지금 생각하면 당시 나는 이 새로운 동창회를 결성하는 데 거의 미쳐 있었던 것 같다. 그 무렵 동창회와 관련된 일이라면 자다가도 벌떡 일어날 정도였으니 말이다. 그래도 그때 그렇게 열심히 동창회를 결성하고 동창회 활성화를 위해 노력을 한 덕분에 지금 내 곁에는 수많은 친구들과 선·후배들이 그 누구보다 든든한 지원군으로 남았다.

내가 늘 자부하는 말이 "나는 돈이 없다. 그러나 나를 도와줄 사람은 많다"는 것이다. 세상을 살면서 서로가 진심으로 잘되기를 바라는 관계를 지속해나가기란 쉬운 일이 아니다. 내가 늘 행복하다고 생각하는 이유도 이 때문이다.

내가 태어나고 자랐으며 내 사랑과 봉사가 궁극적으로 지향하는 곳, 그리고 마지막으로 내가 돌아가 편히 쉬고픈 내 고향 김천과 김천 사람들이 있기에 나는 늘 밥을 먹지 않아도 배부른 사람으로 살고 있다.

인생을 지켜주는
버팀목에게 항상 감사하라

내 고향 김천에는 막내 동생 언배가 살고 있다. 원래는 서울에서 직장을 다니며 남부럽지 않게 살았지만 이 형을 위해서 낙향을 결심해준 고마운 동생이다. 동생 언배와 나는 열 살 정도 터울인데 그래서 그런지 막내 동생은 나를 무척 잘 따랐다. 나와 생긴 것도 비슷하고 성격도 비슷해서 젊었을 때는 어디 가면 쌍둥이 같다는 소리도 많이 들었다. 동생과 나는 서로에게 없어서는 안 될 소울 메이트와 같은 존재다. 친구보다 더 자주 통화를 하고 모든 일에 있어서 서로 자주 상의를 한다. 때문에 동생과 하루에 한 번이라도 통화를 하지 않으면 불안하고 사소한 것부터 중요한 결정까지 모든 일을 같이 의논하고 있다.

사실 동생은 나만 아니었다면 더 편히 잘살고 있었을 거다. 동생 역시 농남중학교와 김천고등학교를 다니면서 6년을 내내 반장을 도맡아할 정도로 성적이 좋았고 연세대 대학원을 나올 정도로 학벌도 괜찮은 편이다.

동생은 남들이 다니고 싶어 하는 국세청의 직원으로 근무하고 있었는데 나를 보좌하기 위해 세무 공무원의 길을 포기했다. 만약 내가 50대에 국회의원에 출마했다면 굳이 동생을 끌어들이지 않았을 것이다. 하지만 40대에 국회의원으로 출마할 결심을 하자 헌신적으로 나를 도와줄 사람을 찾기가 힘들었다. 남자 나이 마흔이면 가정을 책임지기 위해 뒤도 돌아보지 않고 달려야 할 시기이다. 쉰 살만 되어도 어느 정도 여유가 생겨서 누군가를 도울 수 있지만 마흔 살이라는 나이는 아직 자기 밥그릇도 제대로 챙기기 힘든 나이기 때문에 아무리 친한 친구라도 선뜻 도와달라고 말할 수가 없었다. 그야말로 내 형제가 아니면 도움을 청할 곳이 없었다.

실제 정치를 하거나 큰 사업을 하는 사람들을 보면 주변에 도와주는 가족이 최소한 한 명은 있어야 제대로 뜻을 펼칠 수 있다. 나는 그래도 운 좋게도 동생이 흔쾌히 수락해주어서 지금까지도 내 정치인생의 동반자로 함께 길을 걷고 있다.

알다시피 나는 18대 국회의원 선거에서 공천파동으로 한나라당의 공천을 받지 못했다. 당시 한나라당 김천시의 모든 당원들은 나의 공천 확정을 당연지사로 받아들이고 있었다. 그런데 의외의 결과가 벌어지자 당원들이 흔들리기 시작했다. 그도 그럴 것이 나를 밀어주기 위해 지금까지 의기투합해왔는데 의외의 인물이 후보로 오르자 바람 빠진 풍선처럼 의기소침해진 것이다. 하지만 나는 같은 한나라당 당원으로서 이철우 후보의 당선을 위해 더 열심히 밀어주어야 한다는 쪽으로 여론을 몰아갔고 그 중심에 내 동생을 내세웠다. 공천에서 탈락한 내가 나서는 것은 아무래도 보기가 좋을 것 같지 않아 모든 것을 동생에게 일임을 했었다. 다행히 나의 수많은 지지자들이 순순히 그 뜻을 따라주었다.

지금도 동생은 고향을 지키고 있다. 그런 동생 덕분에 마음이 얼마나 든든한지 모른다. 지역에서 일어나는 일은 아무리 사소한 일이라도 놓치지 않고 있으며 지역민들이 원하는 것이 무엇인지에 대한 안테나를 늘 켜두며 지낼 수가 있다.

세상이 무너져도 내 편이 되어줄 수 있는 사람이 있다는 것은 행복한 일이다. 지금까지 동생에게 주로 받기만 하고 베풀어주지 못했는데 평생을 두고 갚아갈 것이다.

한편 나에게는 또 다른 정치적 동반자가 있다. 바로 내 아내이다. 아내는 원래 차분하고 조용한 성격이다. 외모도 보면 매우 여성스럽고, 어딜 가든 나서는 것을 좋아하지 않는다. 그런데 14년 동안 교직에 몸담고 있다 보니 조리 있게 말을 잘 하고 특히 남을 설득하는 능력이 있다. 어쩌다 보니 정치를 하는 남편을 만나 선거 때만 되면 여기 저기 같이 인사를 하러 다니고, 또 어떨 때는 직접 마이크를 잡아야 되는 일도 있는데, 처음에는 무척 쑥스러워하더니 이제는 오히려 나보다 더 설득력 있게 말을 잘한다.

아내에게 고마운 점은 내가 잘 다니던 직장을 그만 두고 국회의원 선거에 나간다고 했을 때도 그렇고, 돈가스 집을 하며 모은 재산을 덕천장학회에 내어 놓는다고 했을 때도 그렇고 항상 나의 의견을 존중해주고 따라주었다는 것이다.

남편이 하는 일을 존중해주고 든든한 지원군이 되어주는 것보다 더 좋은 내조가 어디에 있을까. 우리 부부는 서로 하고 싶은 말이 너무 많아서 문제일 정도로 대화를 많이 나눈다. TV를 보거나 신문을 볼 때나 항상 그 일에 대해 같이 이야기하고 내가 혼자서 판단하기 힘든 일이 있을 때면 꼭 옆에서 올바른 판단을 내릴 수 있게 도와준다.

개인적으로 가장 고마웠던 일은 아버지가 편찮으셨을 때 정성스레 간호를 해준 일이다. 아버지께서는 돌아가시기 전에 꽤 오랜 시간 병원에 입원해 계셨었다.

그 긴 시간 동안 아내가 아버지를 대하는 것을 보며 나는 깊은 감명을 받았다. 다른 집들을 보면 잠시 병원에 들렀다가 부랴부랴 돌아가기 바쁘던데, 우리 집사람은 딸도 아니고 며느리인데도 아버지 곁을 지키며 병원 보조 침대에서 같이 잠도 자는 등

효성스러운 모습을 많이 보여주었다.

사람이 살면서 어려운 일을 당했을 때 주변 사람들이 어떻게 처신하는지를 보면 자신이 그동안 어떻게 살아왔는지를 알 수 있다고 하는데 내가 험난하다고 하는 정치인생을 그나마 잘 헤쳐온 것도 다 동생과 집사람의 덕분이 아닐까 싶다.

믿음을 주시고 지켜봐주시는 소중한 은사님들

한편 절대로 빼놓을 수 없는 분들이 계시다. 바로 고향의 은사님들이다. 세월이 흐르면서 초등학교 시절의 은사님들은 거의 다 세상을 뜨셨지만 중학교와 고등학교 은사님들은 살아 계셔서 자주 안부를 물어 오시고, 나 또한 고향에 내려가면 은사님들을 찾아뵙고 인사드리는 것이 즐거운 낙이다.

그중에서도 특히 고마운 분은 고등학교 국어 선생님이었던 전장억 선생님이다. 얼마 전에 선생님께서 친히 '자강불식(自强不息)'이라는 휘호를 보내주셨다. 내가 무슨 뜻이냐고 여쭤보았더니 '큰 목표를 세워서 이루기 위해서는 모든 노력을 다해야 된다'는 뜻이라고 하시며 차기 선거에 모든 것을 걸고 열심히 뛰라는 의미로 보내주신 거라고 하셨다.

또 생각나는 한 분은 고등학교 1학년 때 담임 선생님이셨던 홍재룡 선생님이다. 한창 대학 입시 공부에 빠져 살아야 할 고등학교 시절, 나는 MRA 경상북도 회장직을 맡아 동아리 활동을 하느라 정신이 없었다. 동아리라는 것이 원래 그 본래의 목적도 목적이지만 함께 어울리는 사람들이 좋아서 한 번 푹 빠지면 헤어 나오기 어렵다. 나 역시 한창 젊은 나이에 다른 학교 학생들과 교류를 하며 동아리 활동을 하다 보니 그 즐거움에 학업을 뒷전으로 미뤄둘 정도가 되었다. 보다 못한 담임선생님께서 극단의 조치를 내리셨다. 나는 분명 MRA 행사에 간다고 학생주임 선생님께 말씀을 드리고 결석을 했는데 담임 선생님께 보고를 하지 않고 갔다고 나를 반장직에서 해임을 한 것이다. 요즘이야 반장이 그렇게 대단한 자리가 아니지만 당시만 해도 반장이라고 하면 제법 우쭐할 때였기 때문에 어린 마음에 분을 이기지 못하고 굉장히 섭섭했던 기억이 난다.

나중에 알고 보니 그래도 제법 싹수가 보이는 놈이 중요한 시기에 딴 데 정신이 팔려 있는 것을 더 이상 두고 볼 수 없어 그런 조치를 취하신 거였다. 아마 내가 그때 MRA에 빠지지 않았다면 처음부터 내가 원하던 대학에 들어갔을지도 모른다. 그렇게 되었다면 대학 시절 그 숱한 고민들을 하지 않아도 되었을 것이다.

어쨌든 그때라도 선생님께서 나를 제자리로 돌려놓으신 게 다행스러운 일이다. 그때의 애정이 아직도 남아 있으신지 홍재룡 선생님께서는 요즘도 잊지 않고 안부를 물어봐주셔서 너무 감사하다.

이 두 선생님 외에도 항상 나를 지켜보며 응원해주시는 분들이 더 많으리라 생각한다. 그분들을 위해서라도 더 열심히 뛰는 내가 되고 싶다.

인생에서 가장 중요한 것은 사람이다. 내 옆에서 나를 믿고 지지해주는 사람이 이렇게 많은 나는 그래서 더 행복한 사람이다. 그리고 이 분들이 존재하기에 더 멀리 더 높이 나아갈 수 있을 것이라 믿는다.

베풀 때는 후하게,
대가를 바라지 말고 베풀어라

1986년 4월 초파일날 아내와 함께 도봉산 도선사에 들렀다가 그곳에서 만난 동호 서재하 선생께서 내 호를 덕천이라고 지어주셨다. 서재하 선생은 경북 경산 출신으로 배움도 깊고 붓글씨도 뛰어났으며 언변도 탁월했다. 뿐만 아니라 얼굴 생김새며 몸집 자체가 마치 부처를 빼다 박은 듯한 분인데 당시 아내가 근무하던 경기도 평택시 소재 청담고등학교에서 교법사를 겸하고 계셨다.

그분은 나를 보자마자 대뜸 큰 인물이 될 관상이라며 호를 하나 지어주겠다고 했다. 그렇게 해서 며칠 후 붓글씨로 보내 온 것이 '덕천'이라는 호였다. '덕이 넘치는 김천 사람이 되라'는 뜻이라고 선생은 자상하게 풀이까지 덧붙여 주었다.

처음에는 덕천이라는 호가 내게 꼭 맞는 이름이라고 생각했다. 오로지 김천을 위해 일하는 것이 나의 사명이라고 생각하던 시절이었다. 그러다가 세월이 흐르면서 나도 욕심이 생겼는지 이왕이면 좀 더 통 큰 이름이 좋지 않았을까 하는 생각을 하게 되었다. 글로벌 시대에 맞는 이름, 그런 이름이라면 더 멋지지 않았을까 하는 생각도 들었다.

그런데 요즈음에 와서 다시 생각해보니 서재하 선생께서 내 호를 참으로 잘 지어주셨다는 생각을 새삼 하게 되었다. 세상을 다 가져도 옆에 사람이 없으면 그것은 무상한 일이고, 세상을 잘못 살았다고도 할 수 있다. 하지만 가진 게 없어도 주변에 사람이 많으면 그것은 복에 넘치는 일이고 제대로 잘 살아왔다고 자부할 수 있는 일이다.

내가 늘 강조하는 지덕체와 인적 네트워크를 갖추는 것 중에서 나는 체가 기본이 되어야 하고 그런 다음이라면 덕을 쌓는 것이 제일 중요하고, 또 어려운 일이라 생각한다.

공무원 생활을 하던 무렵 오선 의원을 지낸 원로 정치인과 식사를 할 기회가 있었다. 그 자리에서 나는 장차 정치를 하고 싶다는 내 뜻을 피력했다. 그러자 그분이 내게 점잖게 충고한 말이 있다.

"우리나라에서 정치를 하자면 적어도 세 가지 요건은 갖추어야 하네. 첫째, 재력이 있을 것. 돈으로 표를 사지는 않는다 할지라도 공·사조직을 운영할 수 있을 정도의 재력은 뒷받침되어야 한다네. 둘째, 명망가 집안 출신일 것. 우리나라는 능력과 인물보다는 지연·학연·혈연이 중시되기 때문에 집안이 중요하다네. 셋째, 얼굴이 두껍고 언변이 좋아야 할 것. 선거에서 이기기 위해서는 표리부동한 행동도 하고 때로는 거짓말도 하며 마음에 없는 소리도 곧잘 해야 한다네."

하지만 그분이 보기에 나는 돈도 없고 농민의 아들이고 너무 순수해 보여서 정치를 하기에는 너무 힘들겠다고 걱정을 했다. 하지만 그분이 말씀하신 정치 입문의 세 가지 요건 중 그 어느 하나도 충족하지 못한 내가 당당히 국회에 입성할 수 있었던 것은 어떻게 설명을 할 것인가.

나는 그 답을 베푸는 삶에서 찾았다. 아니 정확하게 말하면 베풀면서 살다 보니 답을 찾았다는 표현이 맞겠다.

사실 나는 중·고등학교 시절에도 그랬고 대학 때도 그랬고 그렇게 덕이 있는 사람이 아니었다. 솔직히 나 하나 살기 바빴고 벌어서 공부하기도 힘들었기 때문에 주위를 돌아볼 여유가 없었다. 그러다가 돈을 벌기 시작하고 경제적 여유가 생기면서 친구들을 만나거나 지인들을 만날 때마다 가능한 내가 밥이라도 사려고 노력했다. 그러다 보니 사람들이 나를 만나는 것에 부담을 느끼지 않고 좋아했고, 그런 모습을 보면서 나도 덩달아 기분이 좋아졌다. 그때부터 나는 밥이든 차든 술이든 웬만하면 전부 내가 계산하는 습관이 생겼다. 그리고 경조사가 있을 때에도 항상 후하게 베풀었다. 누가 결혼을 한다는 소식을 들으면 축의금을 내야 하는데 5만 원을 할까, 10만 원을 할까 고민을 하다가도 결국에는 꼭 많은 쪽으로 결정해서 봉투에 넣는다. 중요한 사람을 만나서 밥을 살 때도 설렁탕 한 그릇을 대접할까, 일식 코스를 대접할까 고민되면 꼭 후한 쪽을 선택한다.

당장 몇 만 원 손해를 보더라도 사람에게는 한계를 짓지 않고 더 크게 쓰고, 베풀겠다는 마음으로 대해야지 좋은 관계는 더 좋아지고, 좋지 않았던 관계도 좋은 관계로 돌릴 수 있다고 믿기 때문이다.

살다 보면 참 어쩔 수 없이 물질적인 것으로밖에 달리 마음을 표현할 길이 없을 때가 참 많다. 고마운 사람, 좋아하는 사람에게 마음을 표현할 방법이 너무 한정적이다. 어린 아이처럼 당신이 좋다, 마음에 든다, 고맙다, 잘해주고 싶다는 표현을 대놓고 할 수가 없다. 그래서 그나마 밥 한 끼, 선물 하나로 마음을 대신하게 된다.

나는 국회에 있을 때도 같은 당 의원들의 생일이나 신년에는 꼭 난을 선물했다. 다른 당 의원이라도 나와 같은 위원회에 소속된 의원들에게는 잊지 않고 선물을 보냈다. 덕분에 기분 좋은 인사도 많이 받을 수 있었다.

그런데 주위를 살펴보면 의외로 밥 한 끼, 커피 한 잔 사는 것에 인색한 사람들이 많다. 그런 사람들에게 해주고 싶은 말이 있다. "돈 만 원, 오천 원은 절약할 수 있을지 몰라도 백만 원, 천만 원은 얻을 수 없다"는 것이다.

때론 조금 손해 보더라도 마음을 다해라

무릇 돈뿐만이 아니다. 마음으로도 배려하고 베풀 줄 알아야 한다. 가끔 정치인들과 골프를 치러 가면 절대로 지지 않으려고 하는 사람들이 있다. 탁구든 골프든 재미삼아 서로 친목 도모를 위한 경기를 하면서 죽기 살기로 경기를 하면 분위기가 얼마나 어색할까. 더구나 사람이 살면서 일부러 져주는 것도 남에게 베푸는 것이다. 다른 사람이 틀린 말을 해도 고개를 끄덕여줄 줄 알아야 대화가 계속되고 그래야 자신이 하고 싶은 말도 끝까지 할 수 있다.

나는 인생에서 완승은 없다고 생각한다. 학력이 좋은 사람이 잘 생긴데다가 일도 잘 하고 운동까지 잘하면 너무 인간미가 없지 않은가. 때로는 모자란 모습도 보여주고 허술한 모습도 보여줘야 인간적으로 정도 생기고 친해지는 법이다.

나는 국회의원 중에서도 후원금이 참 많이 들어오는 편이다. 한때는 박근혜 의원 다음으로 후원금을 많이 받는 국회의원으로 꼽히기도 해서 기사가 날 정도였으니 개인적으로 참 감사한 일이다.

덕분에 가끔 동료나 선배 국회의원 중에서 어떻게 하면 그렇게 후원금이 많이 들어오냐는 질문을 받는데 솔직히 그 차이는 인색한가 후덕한가의 차이가 아닐까 싶다. 사람에게 베풀면 저절로 나에게도 더 많은 것이 돌아온다.

정치인이든 아니든 먼저 베푸는 사람이 그만큼 많이 얻을 수 있고 주변에 많은 사람이 머문다.

끝으로 가장 중요한 것은 남에게 뭔가를 베풀 때는 절대로 대가를 바라서는 안 된다는 것이다. 괜히 대가를 바라면 섭섭한 마음만 커지고, 그러다 보면 베풀 때의 순수한 마음은 어디론가 사라져버릴 뿐 아니라 다음에 그 상대를 대할 때 섭섭한 마음을 감출 수 없게 된다. 무엇보다 사는 게 피곤해진다.

눈에 보이지 않아도 베풀면 다 돌아오게 마련이고 행여 돌아오지 않더라도 좋은 평판을 얻게 되니 그것으로 충분하지 않은가.

사실 나는 초선 국회의원 출마 때, 당시 집권당이던 신한국당의 후보 공천이 너무도 쉽게 되어 다 내 덕인 줄 알았다. 솔직히 10년 이상 장학사업을 하고 베풀며 살아서 돌아온 공인 줄 알았다.

하지만 한참 후에나 알게 된 사실인데, 내가 부탁하지 않았는데도 친구들이 당시 유력 정계 인사에게 나에 대한 좋은 이야기를 해주었다고 한다.

권력은 쉽게 얻을 수 있는 것이 아니다. 아무리 지역에서 좋은 일을 많이 하고 살아도 결정적으로 자신을 드러내 보일 수 없으면 어렵다. 권력을 가진 사람의 눈에 들지 않으면 스카웃되기가 어렵다. 내가 그 친구에게 해준 것이라고는 그저 만나면 반가워하고 기분 좋게 밥 한 끼 나눈 것밖에는 없다. 그런데도 그 친구 눈에 내가 믿을 만한 사람으로 보였으니 그런 도움을 준 것이 아닐까? 생각해볼수록 아무리 사소한 것이라도 베풀며 살아야 한다는 생각을 다시금 하게 된다. 더불어 사람에게 진정을 다해야 함을 깨닫는다.

정치나 인간관계 같은 것은 경제학으로는 풀리지 않는 영역이다. 원가 100원짜리 물건을 떼 와서 120원에 팔면 20원이 남는 것이 경제학이지만 정치나 인간관계에서는 그런 계산이 나오지 않는다. 손해 볼 때도 있고 더 많이 얻을 때도 있는 것이 인간관계다. 자신의 꿈을 향해 함께 갈 수 있는 사람을 만드는 일은 그래서 더 재미있고 소중한 일이다.

꿈을 향해 가는 길에 계산은 필요하지 않다. 물질은 열심히 사는 사람들에게 저절로 따라오는 것이지 쫓아가는 것이 아니다. 항상 돈보다는 꿈을 보고, 함께 가는 사람에게 베푸는 사람이 더 먼저 원하는 목적지에 닿을 수 있지 않을까?

무엇과도 바꿀 수 없는 인간관계의 소중함

옛날에는 말 잘하고 얼굴 잘 생기고, 공부 잘하고 판단력 좋은 사람이 성공했지만 요즘은 그렇지 않다. 오늘날에는 지와 덕을 겸비하고 건강을 갖추고, 무엇보다 탄탄한 인적 네트워크를 갖춘 사람이 성공한다. 아는 것이 많아야 하고, 꾸준히 덕을 쌓아 다른 사람이 내게 다가올 수 있게 만들어야 하고, 건강한 신체를 유지하는 것, 그런 다음에 인적 네트워크를 다지는 것. 이것이 내가 누누이 강조하는 오늘날 성공의 필수요소이다.

이 중에서 인적 네트워크는 성공을 위해 반드시 필요한 부분으로 아무리 강조해도 지나치지 않다. 성공에 뜻이 없는 사람이라면 지덕체만 가지고도 충분히 행복할 수 있지만 부와 명예를 얻고 권력을 얻고자 한다면 무엇보다 사람에게 더 관심을 가져야 한다. 동반자, 지지자를 만들어야 한다는 의미이다.

나는 원래 사람을 좋아하는 성격이기도 하고, 어렸을 때부터 정치를 하기로 마음을 먹은 사람이기 때문에 누구보다 인적 네트워크를 쌓는 데 열심이었다. 그러면서 나만의 원칙을 세웠다.

우선 나는 가능하면 지인들의 경조사에는 다 참석을 한다. 그러나 경사는 아주 친한 경우에는 가고, 그렇지 않으면 비서관을 보낸다. 많을 때는 하루에도 열 건이 넘는 경사에 초대를 받기 때문에 모두 참석하고 싶어도 사정이 허락하지 않기 때문이다.

평소 명함 관리를 잘하는 것도 중요하다. 나는 누군가를 처음 만나서 명함을 받으면 제일 먼저 휴대전화에 저장할지 여부를 결정한다. 그런 뒤에 명함에 A, B, C라는 그룹을 적어서 비서에게 건넨다. 이를 그룹별로 정리해두는데 이렇게 하면 관리가 훨씬 수월하다. 예를 들어서 내가 책을 낼 경우 A그룹의 사람들에게는 모두 보낸다. 경조사가 있을 경우 A그룹에게는 내가 직접 가고, B그룹에게는 보좌관을 보낸다.

내가 이렇게 그룹을 나눠서 관리하는 이유는 모두에게 다 잘해주려고 하다가 오히려 모두에게 다 잘하지 못하는 우를 범하지 않기 위해서이다.

처음에는 나도 모든 사람을 똑같이 대해주었는데 그렇게 하다 보니 여러 가지 부작용이 많이 생겼다. 정말 중요한 것은 챙기지 못하고 굳이 챙기지 않아도 될 것은 챙기면서 많은 시행착오를 거친 끝에 친소관계에 따라 관리를 하게 된 것이다. 말하자면 선택과 집중이라는 경영 원칙을 인적 네트워크에 접목시킨 셈이다.

다만 명함을 받음과 동시에 그 사람의 이름을 외우려고 많은 노력을 한다. 사실 나는 사람들의 이름을 잘 외우지 못하는 편이어서 많은 노력이 필요한 일이기는 하다. 사람의 이름을 기억하느냐 하지 못하느냐가 중요한 까닭은 이름을 불러줌으로써 서로의 관계가 더 돈독해지기 때문이다. 김춘수 시인도 '내가 그의 이름을 불러주었을 때 그는 내게로 와 꽃이 되었다'고 하지 않았는가?

실제로 동창회에 가서도 후배의 이름을 기억해서 불러주면 너무나 좋아하면서 호감을 표현하는 것을 많이 보게 된다. 반대로 차를 몇 번을 같이 마시고도 이름 석 자를 기억해주지 않으면 섭섭한 마음이 들게 된다. 자신의 이름을 불러주면 좋아하고, 거기다 칭찬까지 해주면 더 좋아하는 것. 이것은 아마도 동서양을 막론하고 통하는 진리일 것이다.

또 하나, 우리 사회는 이상하게도 학연이나 지연을 무시할 수가 없다. 그래서 나 역시 일부러라도 이런 부분들을 챙기게 된다. 솔직히 같은 지역 출신, 같은 학교 출신이 뭐가 그리 대단한 일인가? 그런데도 불구하고 사회에 나와서 고향 사람을 만나거나 동창을 만나면 내 가족을 만난 것처럼 기쁜데 나도 그 이유를 잘 모르겠다. 동시대에 같은 마을에 산 것도 아니고 같은 학교를 다닌 것도 아닌데, 생각해보면 정말 아무 의미가 없는 데도 학연이나 지연의 끈은 정말 끈끈하다. 어쩌면 국민성일지도 모르겠다고 생각했는데 서양 사람들도 마찬가지라고 하니 인간이라면 누구나 공동의 추억을 가진 사람에 대해 끌리는 감정을 느끼게 되는 모양이다.

그런데 바로 이 때문에 인적 네트워크가 중요한 것이다. 이유를 막론하고 사람들은 자신과 관계된 사람들을 결코 나 몰라라 하지 않는다는 것이다.

인간관계에서 제일 중요한 것은 진심과 정성

각자 자신의 방식으로 인간관계를 돈독히 하면 되는데, 만약 인적 네트워크를 쌓는 일이 어렵고 막막하게 느껴진다면 동호회에 가입하거나 단기 대학원에 등록하는 것도 도움이 된다.

내 경우 6개월짜리 단기 대학원을 몇 곳 다니면서 많은 인맥을 쌓았다. 문화센터든 대학원이든 뭔가를 배우기 위한 조직은 비슷한 목표를 가진 사람들이 모이기 때문에 쉽게 친해질 수 있고 지향하는 바가 비슷하기 때문에 이후에도 계속 관계를 유지하며 지낼 수 있다는 장점이 있다.

특히 모임에서 회장을 맡는 등 주도적으로 모임을 이끌면 더 효과적이다. 물론 언젠가 서로 도움을 주고받을 수 있지만 그런 이익을 굳이 따지지 않더라도 사람들과 관계를 만들어가는 그 자체로 보람과 행복을 느낄 수 있다.

한편 인적 네트워크가 중요한 또 다른 이유는 평소에 열심히 살아도 운이 맞아야 성공한다는 아이러니함 때문이다.

내가 살아오면서 느낀 것이 있다면 세상은 그렇게 공평하지 않다는 것이다. 분명 열심히 사는 사람이 더 잘살아야 되는데 실상을 보면 아무리 열심히 살아도 안 되는 사람은 안 되더라는 것이다.

그렇다고 하더라도 매사에 최선을 다하고, 아무리 작은 일이라도 정성을 바쳐서 열심히 사는 것 말고는 답이 없다. 그리고 인적 네트워크를 구축하는 일 역시 열심히 살아가는 방법의 하나이다. 특히 새로운 분야의 사람을 많이 만나는 것이 중요하다.

예를 들어 공기업 사장들을 만나면 매일 비슷한 이야기만 한다. 국회의원을 만나도 역시 비슷한 이야기만 한다. 그러나 교수도 만나고, 화가도 만나고, 기자도 만나는 등 여러 분야의 사람들을 만나다 보면 전혀 다른 이야기를 들을 수 있다. 자연스레 새로운 아이디어도 얻고, 시야도 넓어진다.

그래서 나는 정계, 재계, 교육계, 언론계, 연예계, 체육계 등 가리지 않고 많은 사람들을 만나려고 노력한다. 특별히 나는 교수들이나 기자들, 그중에서도 좀 더 자유분방하고 고리타분하지 않은 사람들을 만날 때 어떤 영감을 얻곤 한다.

단 인적 네트워크를 쌓는 데 있어서 한 가지 주의해야 할 점이 있다. 상대의 진짜 모습을 판단하는 것이다. 사람은 누구나 직관이란 것을 가지고 있다. 어떤 사람은 첫 만남에 판단이 될 수도 있고, 어떤 사람은 두세 번 만나야 그 본모습을 알 수 있는 경우도 있는데, 사람의 됨됨이가 바르지 못한 사람이라면 가까이 하지 않아야 한다.

무엇보다 노골적으로 이익에 따라 움직이는 사람은 가까이 하지 않는 것이 좋다. 그렇다고 찾아오는 사람까지 피할 필요는 없다. 굳이 싫어하는 내색을 할 필요도 없고, 그저 나와 연이 없는 사람이라고 생각하는 것이 현명한 처신이다.

내가 이러한 원칙을 정한 이유는 그래도 세상이 평등하게 굴러가기를 바라기 때문이다. 이왕이면 선하고 의리 있는 사람이 잘되어야지, 평소 의리도 없고 성실하지도 않은 사람이 똑같이 잘되는 것은 불공평하지 않는가.

내가 인간관계에서 싫어하는 또 다른 경우는 약속을 잘 지키지 않는 사람이다. 어떤 경우든 이유를 대며 약속을 지키지 않는 사람을 나는 좋아하지 않는다.

지방 출신들이 서울에 살면서 그나마 믿을 것이라고는 약속밖에 없는데 그것마저 져버리면 더 이상 관계를 유지하기가 힘들어진다. 나는 약속은 곧 법이라고 생각한다.

그렇다면 인간관계를 잘 유지하는 비결은 무엇일까? 가장 중요한 것은 상대방에 대해 항상 지속적인 관심을 가지는 것이다. 사실 지속적인 관심은 사회생활뿐만 아니라 연애나 결혼생활에서도 중요한 요소이다. 지속적인 관심이 없으면 사랑도 결혼도 다 깨지거나 껍데기만 남아 공허한 관계로 전락한다.

내 경우 후원회가 활성화되어 있는 편인데 이 후원회도 잘 관리를 해야지 후원금만 받고 앉아 있으면 누가 후원을 계속 해주고 싶겠는가?

나는 국회에 있을 때는 의정보고서 같은 것을 꾸준히 보냈고 전기안전공사에 있을 때는 전기안전공사 사보를 꾸준히 보내주는 등 소중한 사람들에게 항상 마음을 전했다. 당연히 자주 전화도 걸어서 안부를 묻고, 시간이 되면 같이 만나서 식사도 하고 차도 마시며 관계를 유지하는 것은 참으로 중요한 일이다.

한 가지 더 강조하고 싶은 것이 있다. 지속적으로 만남을 유지하는 데 있어서 사회경제적 지위를 가지고 가늠하지 말라는 것이다. 그 사람이 무엇을 하든 얼마나 높은 지위를 가졌든, 재산을 가졌든 그것은 중요하지 않다. 중요한 것은 호감이다.

대가를 바라지 않고 그가 잘되면 나도 기쁘겠다는 마음을 가

저야 한다. 먼저 베풀었는데도 감사하다는 인사를 하지 않는다
고 서운해할 필요도 없다. 서로 결정적인 순간 진심으로 나를 위
해 항변해줄 수 있고, 또 서로에게 진심을 다할 수 있는 관계를
만들어가야 인생을 좀 더 윤택하고 풍요롭게 살 수 있다는 것을
기억했으면 좋겠다.

체력도 경쟁력이다.
지치지 말고 끊임없이 달려라

지금까지 많은 강의를 해오면서 내가 학생들에게 가장 강조한 것은 "성공한 인생을 살고 싶다면 먼저 지덕체를 갖춘 다음 인적 네트워크를 구축하라"는 말이다.

인생을 살아가면서 나는 아직 이보다 더 중요한 것이 있다고 생각해본 적이 없다. 인생을 성공으로 이끌고 싶다면 우선 배우고 익혀서 아는 것이 많아야 하고, 덕이 있어서 자신을 드러내지 않아도 주변에 흠모하는 사람이 많고, 체력이 건강해야 많은 일도 할 수 있다. 여기에다 자신과 함께 의지를 가지고 도움을 주고받을 수 있는 사람을 얻으면 그야말로 승승장구할 수 있고, 행복한 인생을 살 수 있다고 믿는다.

그런데 지덕체와 인간관계 중에 한 가지만 선택하라고 한다면 나는 주저하지 않고 '체'를 선택할 것이다. 사실 젊을 때는 건강의 중요성을 잘 알지 못하겠지만 건강의 중요성은 아무리 강조해도 지나치지 않다. 20~30대에는 사실 어지간하면 아프거나 불편한 곳이 없다. 하지만 나이 마흔이 되고, 쉰, 예순이 되면 불편하고 아픈 곳이 하나, 둘 늘어난다. 문제는 건강에 이상 신호가 오면 자신감도 떨어지고, 뭔가 새로운 일에 도전하는 것에 두려움을 느낀다는 것이다.

더 멋진 도전을 위한 기본 전제

몸이 건강하면 이 일도 해보고, 저 일도 해보며 한평생을 다채롭게 살다갈 수 있지만 몸이 아프면 무슨 일을 시작하기도 두렵고 남에게 폐가 될까 움츠러들게 마련이다.

돈도 좋고 꿈도 좋지만 정말 누가 뭐라 해도 건강이 최고라는 생각이 나이를 먹을수록 더 강해진다. 물론 나는 다행이도 어느 정도 건강한 체력을 가졌다. 중·고등학교 시절엔 시·도민체육대회에 단거리 선수로 출전해서 우승도 했고 유도, 씨름 같은 종목에서 늘 두각을 나타냈었다. 체육 선생님들이 나를 선수로 키우고 싶어 하셨을 정도이다. 나의 이런 체력은 작고하신 아버지의 체력을 이어받은 것인데 아버지는 여든이 넘은 나이에도 정정하셨다.

나의 타고난 체력은 사회생활을 하거나 선거를 치르는 데 무엇보다 큰 자산이었다. 많은 사람들이 선거에서 똑똑한 사람들이 승리한다고 생각하지만 사실 선거는 체력전이라고 해도 과언이 아닐 만큼 엄청난 체력을 요구하는 전쟁이다.

평소에는 그냥 지나쳐도 뭐라고 하지 않는 지역민들이 선거 때에는 덩달아 후보들에게 엄청난 관심을 기울인다. 예를 들어 선거 6개월 전부터는 지역민들이 관광을 갈 때 그 관광버스가 출발할 때 나가보지 않으면 후보가 성의 없다는 말이 나온다. 재래시장 같은 곳도 상대 후보가 두 번을 돌아보면 적어도 세 번은 돌아봐야 한다. "상대후보는 두 번이나 다녀갔는데…" 하는 말이 분명히 나온다. 이처럼 선거 때 몸으로 뛰지 않고 책상에 앉아서 공약만 남발하면 큰 코 다친다.

특히 유권자들과 악수를 하는 것은 대단히 중요한 일인데 만나는 사람, 보이는 사람마다 일일이 악수를 다 해야 한다. 서로 교감하길 원하는 유권자들의 손을 꼭 잡고 인사해야 한다. 물론 선거에 출마하는 후보로서 당연히 한 사람의 유권자라도 더 만나서 악수를 하고 싶지만 하루에 수백, 수천 명과 악수를 한다는 게 쉬운 일이 아니다. 손은 손대로 퉁퉁 붓고 발은 발대로 퉁퉁

부어서 나중에 신발도 신기 어려울 정도이고, 손에서는 진물이 날 정도가 된다. 선거 때면 밤마다 손발 냉찜질은 필수코스가 되었다.

다행히 나는 시골 출신이라 그런지 서민적인 면도 있고, 어르신들을 보면 흙이 묻은 손이나 물이 묻은 손이나 나도 모르게 덥석 잡고 인사하는 것이 몸에 배어 있다.

지금도 생각나는 초선 선거 시절의 기억이 있다.

당시는 마을에 전기가 들어오지 않을 때라 저녁 무렵 마을에서 인사를 하고 나오면 이미 해가 저물어 앞이 하나도 보이지 않을 만큼 캄캄했다. 더구나 지금처럼 길이 좋지도 않은 비포장 시골길을 걷고 있노라면 나도 모르게 논두렁이며 밭두렁에 푹푹 빠지기가 일쑤였는데 그런 길을 수십 번을 오갔으니 고생이 이만 저만이 아니었다.

그래도 꿈에 그리던 선거에 출마하게 되었다고 기뻐하며 열심히 지역민들을 찾아다니던 옛날 추억이 그립기만 하다. 당시에는 가진 것이라고는 열정과 패기, 그리고 건강한 신체뿐이었다. 내가 할 수 있는 것은 열심히 뛰어다니는 것뿐이라고 생각해서 열심히 다녔는데, 지금 와서 생각해보면 그건 감히 돈으로 환산할 수 없이 큰 재산이다. 젊음보다 더 큰 재산이 어디 있겠는가?

어느새 나도 젊은 후보들과는 비교할 수 없는 나이가 되었지만 다행히 아직 건강하니 그저 감사할 따름이다. 간혹 처음 만나는 사람들이 나에게 "5년은 젊어 보입니다"라는 말을 하곤 하는데, 들기 좋은 칭찬이지만 사실 그 정도는 아니고 그래도 약간은 젊어 보이는 것 같다. 단순히 얼굴이 아니라 체력적으로 그렇다는 것이다.

나이를 먹을수록 자기 얼굴에 대해 책임을 져야 한다고 하는데, 나는 체력도 마찬가지인 것 같다. 본인의 체력은 누구도 관리해줄 수 없는 것이니 스스로 지켜야 하고 보강해야 할 것이다. 지금도 나는 늦게까지 술을 마셔도 다음날 아침 6시에 일어나 1시간 정도 운동을 하고 출근을 한다. 담배는 피워본 적이 없고, 술도 마흔 넘어 배웠지만 꼭 필요한 경우에만 마신다. 물론 많은 사람을 만나야 하는 정치인이기에 피할 수 없는 술자리들이 많지만 그래도 분위기를 맞춰주고 가능한 한 술은 많이 마시지 않으려고 노력한다. 체질적으로 맞지도 않고 건강을 위해서도 좋지 않다고 생각한다.

건강은 타고나는 것도 중요하지만 관리하는 것도 그만큼 중요하다. 약골인 사람이 오래 산다는 말도 있듯이 평소 체력이 좀 약하더라도 꾸준히 관리하는 사람이 건강하게 오래 살 수 있다.

한 가지 보태면 건강하려면 스트레스를 덜 받아야 하고, 그러려면 마음을 곱게 써야 한다는 것이다.

내 경우에는 '건강하게 잘 사는 것이 중요하지, 돈 많고 권력만 많으면 무엇 하나?' 싶은 생각에 이왕 사는 것 깨끗하게 살고 돈

욕심 내지 말고 여러 사람에게 도움 되는 사람으로 살자고 생각한
다. 이런 마음이 정신적인 건강에도 이롭다.

더구나 국민들의 행복과 직결되는 정계에 몸담고 있는 사람으
로서 더더욱 바르게 살아야겠다는 다짐을 늘 하게 된다.

꿈을 꾸기 전에 먼저 마음을 가다듬고, 마음을 가다듬기 전에
먼저 지치지 않는 체력을 만들자. 그런 다음 꿈을 향해 끊임없이
달려 나가면 어느 순간 그 꿈이 현실이 되어 있을 것이다.

06

좋은 사람과 뜻을 함께하는 일의 즐거움

짧지 않은 정치인생에서 참 많은 사람들을 만났다. 내가 정치인생에서 만난 사람 중 가장 좋아하는 사람은 김문수 경기도지사다. 나와 같이 15대 국회의원으로 입성해서 만난 사이인데 처음엔 노동운동을 하다가 온 사람이라는 얘기를 듣고 너무 강성이라는 선입견이 있어서 가까이 다가가지 않았다. 그러다가 함께 의원 외교를 위해 네덜란드를 갈 기회가 있었는데 사람이 때가 하나도 묻지 않고 너무 좋아서 단번에 반해버렸다.

김문수 지사와 나는 여러모로 공통점이 많다. 우선 둘 다 가난한 농부의 아들로 태어나 서민들의 고충을 누구보다 잘 알고 있다는 것이다. 그리고 불의를 보면 참지 못하는 것도 비슷한데 그래서인지 둘 다 한나라당 내에서도 진보 성향이 있다는 말을 자주 들었다.

다른 점은 성격인데, 나는 좀 털털한 편이고 김문수 지사는 매우 섬세하고 꼼꼼한 편이다. 특히 그는 메모광이라고 할 만큼 매사에 메모하는 것이 습관화되어 있는데 나는 항상 그것이 배울 점이라고 생각하였다.

워낙에 호기심이 많아서 무슨 일이든 그냥 넘어가는 법이 없고 스스로 이해될 때까지 꼬치꼬치 물어보고 곧장 메모를 한다. 사람을 만나면 그 사람이 어디 출신인지, 그 사람이 어떤 생각을 가지고 있는지 일일이 물어보고 새로운 문화를 접하면 그런 문화가 어떻게 형성되었는지 깊은 관심을 갖는다. 아마도 정치인이 안 되었다면 교수나 학자가 되었으면 참 좋았을 사람이라 생각한다.

네덜란드 꽃시장에 가서도 나는 그저 '꽃이 참 예쁘구나!' 하는 생각만 하고 있었는데 "그 꽃 이름이 뭐냐? 어디서 자라냐? 종자가 어느 나라 것이냐? 잘 팔리냐? 어느 계절에 피느냐?" 등등 그 꽃에 대해 A부터 Z까지 다 물어봐야 직성이 풀리는 성격이었다.

나는 지금까지 그토록 세심한 사람을 본 적이 없다. 그래서 저런 사람이라면 정치를 맡겨도 국민들이 안심하고 살 수 있겠구나 하는 생각을 한다. 지금도 전화만 하면 바로 만나줄 정도로 친한 사이인데 내가 김문수 지사에게 특히 고맙게 생각하는 일이 하나 있다.

내가 18대 국회의원 한나라당 후보 공천에서 탈락이 되었을 때 제일 먼저 전화를 걸어준 사람이 바로 바로 김문수 지사였다.

"어떻게 그럴 수가 있느냐? 내가 17대 국회의원 공천심사위원장으로 있을 때 임 의원은 지역 민심이 좋아서 공천 결정하는 데 30초도 걸리지 않은 사람이다. 지역 여론이 이렇게 좋은 국회의원을 탈락시켜도 되느냐?"라며 마치 자신의 일처럼 함께 분개해주었다.

사람이 기쁜 일이 있으면 같이 기뻐하고 슬픈 일이 있으면 같이 슬퍼하면서 정분을 쌓아가는 것인데 그때 나는 비록 공천에서 탈락은 했지만 김문수 지사처럼 내 편이 되어주는 사람이 있어서 행복했다. 원래 사람은 자기를 알아주는 사람을 만날 때 제일 행복한 법인데 이는 인간이라면 누구에게나 통하는 법칙일 것이다. 생각해보니 김문수 지사와 함께 국정을 펼치면서 가까워질 기회가 참 많았다. 그중에서도 가장 잊을 수 없는 사건이 하나 있다.

세간에는 이른바 '국회 529호실 강제 진입 사건'으로 알려진 '국회 내 안기부 정치 사찰 사건'이 바로 그것이다.

문제는 1998년 12월 30일 한나라당 의원 총회에서 이신범 전 의원이 "안기부가 국회 본관 529호실에 분실을 설치해놓고 몇 몇 요원이 상주하면서 국회의원에 대해 도청과 정치사찰을 자행하고 있다"라고 의혹을 제기하면서 시작되었다.

우리는 국회 내에서 그 같은 불법이 저질러지고 있다는 것에 경악했다. 의원 총회에 참석한 한나라당 의원들은 극도로 흥분해서 문제의 529호실로 몰려가서 개방을 요구했다. 그러나 여당인 민주당에서 몇 차례나 약속을 파기하며 529호실의 문을 열어주지 않았기 때문에 우리는 강제로 529호실의 문을 열고 들어갔다. 그곳에 모인 한나라당 의원 및 당료들이 모두 흥분을 했지만 그중에서도 김문수 지사와 나의 분노가 가장 컸던 것 같다. 두 사람 모두 불의를 보면 참지 못하는 성격을 타고 났기 때문에 가장 거세게 항의를 했고 문을 여는 데에도 가장 주도적인 역할을 했다. 529호실 안에는 우리가 생각한 대로 안기부의 국회 사찰을 뒷받침하는 자료들이 속속 확인되었고 우리는 그 문건을 가지고 밖으로 나왔다.

이 일을 놓고 정부와 여당 측에서는 '명백한 국가 기밀문서 불법 탈취행위'로 규정하고 관련자 전원을 사법처리한다는 강경자세를 취했다. 안기부의 정치사찰에 대해서는 눈을 감은 채 529호실 진입 부분만을 두고 한나라당 의원 11명에게는 출국금지 조치를 내리고 당직자 3명에 대해서는 구속영장을 청구하는 등 웃지 못할 조치를 취한 것이다. 출국금지 조치를 받은 나와 김문수 의원은 "살다 보니 별 어처구니없는 일이 다 있다"며 웃었다. 원래 출국금지는 '증거인멸이나 도주할 우려가 있는 피의자'에게 내려지는 조치인데 현역 국회의원에게 그런 조치가 내려졌으니 아연실색할 수밖에 없었다.

훗날 김문수 지사와 만나 그때 이야기를 하면서 "아니 주인이 제 집에 들어온 도둑을 잡으러 들어갔는데 왜 도둑은 안 잡고 주인을 범죄자 취급해?" 하며 웃었던 기억이 난다.

지금도 김문수 지사는 나를 만나면 농담 반 진담 반으로 "내가 다음에 대통령이 되면 총리 자리는 임 의원에게 맡길 거야"라고 말한다. 그만큼 나를 신임한다는 말이고 나 역시 그가 대통령이 되어도 좋을 만큼 훌륭한 정치인이라고 생각한다.

인맥도 중요하지만
내 길은 스스로 개척하는 것

하지만 나는 누가 대통령이 되든지 최측근에서 일을 하지는 않을 생각이다. 언젠가 대통령 비서실장을 하던 분이 자신의 꿈이 대통령이라고 했다는 말을 들은 적이 있다. 나는 고개를 갸웃거리며 "아니, 대통령이 꿈인 분이 왜 대통령 비서실로 들어갔을까? 대통령 비서를 했던 사람이 어떻게 대통령이 될 수 있을까?"라고 반문한 적이 있다.

내가 생각하기에 대통령을 할 사람이라면 대통령 비서실장을 해서는 안 될 것 같았기 때문이다.

꼭 대통령이 아니어도 나는 자신이 장차 큰 인물이 되고 싶으면 누군가의 밑에 들어가서 전처를 밟으려 해서는 안 된다고 생각한다. 누군가가 닦아놓은 길을 편하게 뒤따르기보다는 스스로 길을 개척해서 그 길에 많은 사람이 함께하도록 해야 한다고 생각한다.

그래서 나는 남들과 달리 특별한 계보도 없고 계파도 없다. 물론 국회 입성을 할 때부터 나를 귀하게 여겨준 선배 정치인들은 많았다. 지금은 고인이 되신 허주 김윤환 의원, 그리고 서청원 의원이 대표적인 분들이다. 내가 한나라당 원내수석부대표로 있을 당시 대표였던 이규택 의원도 나를 많이 끌어주었고 덕분에 재선 의원이면서도 많은 권한을 가지고 의정활동을 펼칠 수 있었다. 현재 국회의장으로 있는 박희태 의원도 늘 나를 격려해준다. 15대 국회 때 같이 입성을 한 우리 기수 중에서 친하게 지내는 사람은 맹형규 행정안전부 장관, 권오을 국회 사무총장, 최욱철 전 의원, 원유철 의원 등이다.

요직에 있다 보니 서로들 자주 만나기는 힘들지만 어쩌다 만나면 그저 반가운 친구 같고, 형 같고, 동생 같은 사람들이다.

간혹 언론에서 누구와 누가 같은 계보네, 아니네 떠들지만 실상 국회의원들을 만나면 그런 기류는 별로 없다. 그저 기자들이 국민들의 관심을 집중시키기 위해서 구분해놓은 것뿐이다. 국회의원도 사람인데 마음 맞는 사람들끼리 어울리기 마련이고 선후배 동료의식으로 서로 챙겨주고 싶어 하는 마음뿐이다. 사람 사는 세상이 다 똑같지 뭐 별다를 것이 있겠는가?

어쨌든 세간의 주목을 받으며 산다는 것은 그리 나쁘지 않은 일이다. 그만큼 영향력이 있다는 것이고 그것은 또 그만큼 열심히 살아왔다는 뜻 아니겠는가?

시야를 넓혀야
더 많은 것을 할 수 있다

매년 여름 휴가철이면 많은 국회의원들이 의원 친선 외교를 위해 해외를 다녀온다. 의원 친선 외교란 각 나라의 국회의원들이 상호 교류를 위해 정기적인 만남을 갖는 것이다. 이런 만남들은 국회 의원외교협의회를 통해서 이루어지는 것이 대부분인데 이러한 국회 의원외교협의회는 대부분의 나라에서 다 시행하고 있다.

앞서 이야기한 대로 김문수 의원과 함께 네덜란드를 방문한 적이 있었는데 이는 우리 두 사람이 네덜란드 국회의원과의 의원외교협의회에 소속이 되어 있기 때문이다. 이 협의회를 통해서 우리나라 국회의원들이 네덜란드를 방문해서 그 나라의 문화를 보고 배워오기도 하고 반대로 네덜란드의 국회의원들이 오면 우리가 나서서 그들을 안내해주기도 했다.

이처럼 국회의원들이 나라마다 친선관계를 갖는 것은 일종의 민간 외교라고 할 수 있다. 대통령이 혼자서 모든 나라를 다 방문해서 외교를 펼칠 수 없기 때문에 국회의원이나 기업 대표, 재야단체들이 그 역할을 대신해주는 것이 바로 민간 외교다.

이러한 민간외교가 중요한 이유는 국회의원들이 법을 만드는 역할을 하기 때문이다. 예를 들어 네덜란드에서 한국과의 통상에 대한 법을 만들 때 한국과 전혀 교류가 없는 상태에서 법안을 통과시키는 것과 사전 교류를 통해 신뢰가 쌓인 상태에서 만드는 법이 다를 수밖에 없다.

서로 교류를 하고 신뢰가 쌓인 상태에서 만들어지는 법은 상호 이해와 존중을 바탕으로 한다. 그러나 상대에 대한 정보나 신뢰가 전혀 없는 상태에서 만들어지는 법은 상대 국가를 배려하기보다 자국에 유리한 쪽으로 기울게 될 가능성이 많다. 이렇게 되면 국가 간의 관계에도 금이 갈 수 있다.

국회에서 의원들이 다른 나라의 의원들과 좋은 관계를 유지할 수 있도록 국회 의원외교협의회를 만들어놓은 것도 다 이런 이유 때문이다. 국회의원들이 분담해서 우리나라와 외교 관계에 있는 나라의 국회의원들을 만나 민간 외교를 펼칠 수 있도록 제도적 장치를 마련해놓은 것이다.

안타까운 점은 이러한 의원 친선 외교가 일부 언론들에 의해서 '국회의원들의 외유'라는 부정적인 시각으로 보도가 된다는 것이다. 국회의원들의 해외 방문 목적이나 방문 성과는 보고되지 않은 채 오로지 뒤풀이 관광에만 초점을 맞추어 보도를 하는 경우가 대부분이다. 그렇다 보니 전후 내용을 모르는 국민들은 해당 국회의원들이 일은 하지 않고 놀러만 다닌다는 오해를 하게 된다.

하지만 국회의원 친선 외교의 내막을 알면 이는 큰 오해라는 사실을 금방 알 수 있다. 누구든 마찬가지지만 특히 국회의원들은 여러 나라를 다니며 많이 보고 많이 배우는 것이 중요하다. 선진국이든 후진국이든 여러 나라의 정치, 경제, 사회, 문화를 두루 접해보면 분명 우리나라의 정치를 이끌어나가는 데 도움이 되기 때문이다. 반대로 다른 나라의 국회의원들이 우리나라를 방문하면 우리 문화재를 보여주고 우리나라의 역사에 대해서 얘기해줄 수 있어야 한다. 그렇게 해서 우리나라에 대해 좋은 이미지를 심어주는 것도 민간 외교가 수행해야 하는 중요한 역할이다. 때문에 나는 국회의원들의 친선 외교 활동은 더 많이 확대되고 더 많이 지원되어야 한다고 생각한다.

나 역시 삼선 국회의원을 지내는 동안 많은 나라들을 다니면서 많은 것을 배울 수 있었다. 예컨대 2007년도에 국회 과학기술정보통신위원회의 위원장을 지낼 때는 미국 라스베이거스에서 열린 세계전자박람회에 참여할 기회가 있었는데 당시 내가 받은 문화적 충격은 지금도 잊을 수 없다. 그때 삼성, LG, SK 같은 대기업의 사장들과 공기업 사장들, 국회의원들이 같이 참석을 했었는데 그 큰 박람회에서 우리나라 기업의 부스가 제일 좋은 자리에 설치되어 있는 것을 보고 깜짝 놀랐다. 우리가 어릴 때만 해도 TV 하면 소니고, 녹음기 하면 내셔널이고, 카메라 하면 캐논이나 니콘이었는데 지금은 전자제품 하면 삼성 아니면 LG가 최고로 평가받고 있다. 그 시점에서 10년 전인 1996년에 미국을 방문했을 때만 해도 미국 백화점에서 우리나라의 상품을 찾기란 하늘의 별 따기였다. 그런데 10년이라는 짧은 기간에 IT강국으로 거듭나서 세계 시장을 주도하는 우리 기업을 보면서 정말 엄청난 자부심을 느꼈다. 적어도 IT에 있어서만큼은 정말 자부심을 가져도 되겠구나 하는 생각을 했고 이래서 많은 미래학자들이 앞으로의 세계는 한국이 이끌어간다는 말을 하는구나 싶었다.

두바이를 거쳐서 이집트와 케냐 등 아프리카 국가들을 방문한 적도 있다. 당시 두바이에는 세계에서 가장 높은 건물이 공사 중에 있었는데 그 공사를 맡은 업체가 다름 아닌 우리나라의 삼성물산이었다. 그곳에서 일하고 있는 우리나라의 기술자들을 보며 한편으로는 자랑스럽고 한편으로는 코끝이 찡하기도 했다. 머나먼 타국에서 우리나라 사람을 만나다 보니 그런 감정을 느낀 것인데 이는 친선외교를 다니면서 만나는 재외 한국인들을 볼 때마다 느끼는 감정이다.

보통 친선 외교를 다니다 보면 그 나라에 있는 한국 대사나 한국 기업의 주재원들을 만나게 되는데 이들을 만나서 그 나라의 국회의원들을 소개시켜주는 것도 친선 외교 활동의 일환이다. 외교든 사업이든 타국에 있으면서 그 나라의 법과 정책을 세우는 국회의원들과 친분을 쌓으면 여러모로 유리하기 때문이다.

이렇듯 국외에서 한국의 위상을 확인함으로써 국내에서 정치를 하면서도 더 자긍심을 가지고 임할 수 있게 된다.

주도권을 쥘 수 있는 강국으로 가는 꿈

한편 내가 친선외교를 다녀온 곳 중에 가장 기억에 남는 곳은 미국이다.

2005년 3월 나는 김원기 국회의장 및 한미의원외교협의회 소속 의원들과 함께 열흘간의 일정으로 미국을 방문한 적이 있다. 그때 딕 체니 부통령을 비롯해 미국 내 의회 지도자들을 만나 한미 관계에 대해 심도 있는 의견을 교환하였다.

당시 우리가 만난 미 행정부 및 의회 지도자들은 한결같이 한국에서 일고 있는 반미 감정에 대해 우려를 표명했다. 특히 딕 체니 부통령은 "한국 전쟁 기간 중 사망한 미군 수가 3만 8천 명이나 된다"라며 노골적으로 섭섭함을 표시했다.

당시는 노무현 대통령이 이끄는 열린우리당이 집권하던 시기로 그 어느 때보다 자주 국방에 대한 목소리가 높아져 있던 때이다. 이러한 목소리들이 미군철수에 대한 여론으로 이어지면서 한미관계는 역대 최고로 악화되어 있었다. 이에 김원기 국회의장 및 한미의원외교협의회 소속 의원들로 구성된 미국 방문단이 급히 파견되어 미국 달래기에 나선 상황이었다.

그때 그 자리에 있던 의원들이 "현재 한국에 일고 있는 반미 정서는 일부 언론에서 확대 보도를 하고 있는 것이다. 대부분의 한국인들은 미국을 좋아한다. 단지 일부 학생들 사이에서 반미 감정이 있을 뿐이다"라며 체니 부통령을 달래느라 혼쭐이 났던 기억이 난다.

그 자리에 같이 있던 나는 왠지 자존심이 상해서 아무 말도 하지 않고 자리만 지키고 있었는데 다른 의원들 역시 나와 같은 생각이었을 것이다. 체니 부통령을 만나고 나온 자리에서 "오늘 이 자리에서 있었던 일은 향후 몇 년 동안은 발설하지 말자"고 약속했었다.

이제야 말할 수 있지만 의원 외교를 다니면서 그때처럼 굴욕적인 경험을 한 것은 처음이었던 것 같다. 덕분에 왜 우리나라가 강대국이 되어야 하는지 다시 한 번 뼈저리게 느꼈다. 결국 우리가 강해져야 어떤 나라에게든 고개 숙이지 않고 평등 외교를 펼칠 수 있다. 약육강식의 세계에서 힘이 약한 나라는 강대국들의 논리 속에 파묻힐 수밖에 없는 것이다.

또 한 가지 기억에 남는 것은 한국인들이 많이 거주하는 주의 하원의원들과 재야 인사들을 만난 일이다. 이들은 미국 내에서 한국과 관련된 법안을 만들거나 정책을 결정할 때 여론을 만드는 중요한 사람들이었다.

우리는 그들과 좋은 관계를 유지하는 것이 중요하다고 생각하고 식사를 한 번 대접했는데 그때 그들이 보인 반응은 실로 놀라웠다. 식사 한 끼 대접했을 뿐인데도 진심으로 고마워했고 연신 감사의 인사를 건넸다. 나중에 알게 된 사실인데 그들이 그런 과한 반응을 보인 것은 접대문화에 익숙하지 않은 그들의 문화 때문이었다. 선진국일수록 공무원 윤리법이 잘 만들어져 있어 공무원들이 이런 부분에 더 철저하다. 그러니 우리가 식사를 대접한 것이 그들에게는 무척이나 이례적이면서도 고마운 일로 여겨진 것이다.

그 외에도 내가 방문한 여러 나라들이 생각나는데 결론은 정치든 문화든 우리나라가 세계에서 힘을 발휘하기 위해서는 우리만의 경쟁력이 있어야 한다는 것이다.

넓고 넓은 세계에서 결국 승리하는 자는 누구도 따라올 수 없는 경쟁력을 갖춘 자이다. 그리고 그 경쟁력은 결국 가장 한국적이면서도 가장 세계적인 것에서 찾아야 한다.

또한 내 것만을 고집하지 않고 남의 것을 수용하는 자세도 중요하다. 다른 나라의 문화, 다른 나라의 상품에도 관심을 가지고 우리나라를 홍보해야지 무조건 우리것만 좋은 것이라는 편협한 자세로는 세계 속에 우뚝 설 수 없다. 자국의 이익만이 아니라 상대 국가와의 상생을 생각하는 국가가 앞으로의 세계 미래를 이끌어갈 주역이 되리라 믿는다.

5장
위기도 최고의 기회로 만드는 도전

정치인에서
경제인으로의 도전
– 한국전기안전공사 CEO 이야기

18대 국회의원 공천파동으로 한나라당 후보 공천 탈락 후 보낸 오랜 방황 기간은 내 정치인생에서 유일한 슬럼프 기간이었다.

다시 딛고 일어서야 한다는 것은 알고 있었지만 그게 마음처럼 쉽지 않았다. 더군다나 공천 탈락의 충격으로 내 인생의 멘토였던 아버지마저 돌아가시자 삶 자체가 의미 없어졌고, 정치니 권력이니 하는 것이 모두 무상하다고 느껴졌다. 아내 역시 충격으로 쓰러져 병원 신세를 지고 있었고, 딸들도 모두 의기소침해져 있었다. 더 이상 정상적인 일상을 유지할 수 없었던 나는 아무도 없는 곳으로 가고 싶어 잠시 해외로 도피 여행을 떠났다.

하지만 여행도 내게 위로가 되지 못했다. 실의에 빠져 혼자 떠돌아다니다가는 폐인이 될 것 같아 짐을 싸서 다시 집으로 돌아와서 쉬고 있는데 한 통의 전화가 걸려왔다. 지금 행안부 장관으로 있는 맹형규 정무수석이었다.

한국전기안전공사의 CEO 자리에 나를 앉히고 싶다는 내용이었다. 당시만 해도 나는 섭섭한 감정이 풀리지 않은 상태였기 때문에 대충 이야기만 전해 듣고 확실한 대답은 하지 않은 채 가족들과 상의해보겠다고만 답했다. 전화를 끊고 가족들과 의논해보니 대부분 찬성을 했다.

곰곰 생각하니 정치인생에서 조용히 수신하는 시간도 필요하다는 생각이 들었다. 지금까지 정치인생만 걸어왔지만 공기업의 CEO로 있으면서 경제도 배우고 경영도 배워두면 나중에 도움이 될 것 같았다.

그렇게 해서 2008년 10월 한국전기안전공사의 사장으로 취임을 했는데 취임을 하고도 몇 개월 정도는 마음을 다스리기가 쉽지 않았다. 지금까지 어딜 가도 "의원님, 위원장님" 소리만 듣다가 모두가 나를 "사장님, 사장님"이라고 부르니 호칭도 익숙하지 않았고, 남의 옷을 입고 있는 것 같아 불편하기 짝이 없었다.

그러다가 정신을 차리고 보니 어느덧 긴 겨울이 지나고 봄이 와 있었고 얼었던 내 마음도 눈 녹듯 녹아 있었다. 그러면서 마음의 여유가 생겼고 공기업 사장이라는 직책에 애정도 생겨났다.

무엇보다 국회의원으로 일할 때보다 시간적으로 여유가 많았다. 국회의원으로 일할 때는 개인적인 시간을 거의 낼 수 없었다. 그런데도 불구하고 나중에 보면 남는 게 거의 없었다. 정치라는 것이 경제, 사회, 문화 전반을 커버해야 되는 것이기 때문에 항상 바쁘다. 지역구에도 자주 내려가야 하고, 민원도 신경 써야 하고, 이것저것 할 것은 많지만 뭘 해도 금방 성과가 나지 않는다. 아마 공기업 사장으로 있을 때보다 서너 배는 더 바쁘게 뛰어다녔던 것 같다.

처음 국회의원이 되었을 때, 아는 사람이라고는 고향 친구들과 학교 선후배들 정도 밖에 없었다. 그런데 그 정도의 인적 네트워크만으로는 국회의원으로서 해야 할 일을 다하기 어려웠다. 그래서 영향력 있는 사람들을 만나기 위해 밤낮으로 뛰어다녔다. 정말이지 그 당시는 하루에 저녁을 두 번씩 먹는 날이 태반이었다. 그렇게 했더니 주변에 후원자도 많아졌고, 도움을 주는 사람들이 점점 늘어났다. 그때도 그렇고 지금도 그분들께 진심으로 감사한 마음이다.

정치라는 것은 사람들을 내 편으로 만드는 예술이기 때문에 사람들에게 항상 내 존재를 알려주기 위한 노력을 끊임없이 해야 한다. 모임이 있을 때도 자주 나가고 특히 취임식 등 대소사는 꼭 챙겨주며, 기쁜 일은 같이 기뻐하고 슬픈 일이 있으면 같이 슬퍼해줄 수 있어야 한다. 상대와 나의 친분을 계속 쌓아나가는 것은 정치의 기본이다. 영국의 대처 수상이 "단 1페니도 하늘에서 공짜로 떨어지지 않는다"라고 말했듯이 가만히 있는데 내편이 되어줄 사람은 아무도 없다.

이런 어려움에 비하면 공기업 사장은 크게 어려운 일이 없었다. 다만 국회의원으로 있을 때는 매일 9시까지 출근을 해야 하는 제약이 없었지만 기업은 아침 9시부터 저녁 6시까지는 출퇴근을 해야 하는데 그것이 몸에 베어 있지 않아 처음에는 조금 힘들었다. 하지만 그 외에는 특별한 어려움이 없었는데 특히 전기안전공사의 경우 전기 안전이라는 한 가지 영역만 확실하게 잘하면 되고 그 외에는 크게 신경 쓸 분야가 없었다. 전기에 대해서는 아는 바가 전혀 없었지만 그래도 정치보다는 쉬웠다. 정치는 가만히 있는 사람을 내 편으로 끌어들여야 하는 만큼 어려움이 많다. 사람의 마음을 얻는 일만큼 어려운 일이 어디 있을까. 이에 비하면 한국전기안전공사 사장은 직원들만 잘 관리해서 생산성을 높이고 사명감만 심어주면 된다. 게다가 열심히 일을 하면 하는 만큼 연말에 경영성과가 정확하게 계량화되어 나오니까 보람이 있었다.

반대로 정치인에서 경제인이 되면서 나쁜 점도 있었다. 국회의원으로 있을 때는 누구도 나를 터치하는 사람이 없었고 근무환경도 좋았다. 하지만 공기업은 근무환경도 나빴고 무엇보다 정부의 눈치를 많이 봐야 했다. 감사원, 기획재정부, 지식경제부, 국정원 등 어찌나 신경을 써야 할 곳이 많은지 제발 알아서 하게 내버려두면 좋겠다고 생각할 때가 한두 번이 아니었다.

이런 애로사항에도 불구하고 한국전기안전공사는 내가 취임한 이후 비약적인 발전을 거두었다. 나 스스로도 놀랐고 직원들도 모두 놀랐다. 내가 처음 부임했을 때 적자 600억 원이던 회사를 1년 만에 150억 원 흑자로 돌려놨으며 놀랄 만도 한 일이다.

생각해보면 나는 어려서부터 사업에 소질이 있었던 것 같다. 내가 만약 정치를 하지 않고 사업을 했더라면 재벌은 몰라도 꽤 큰 성공을 거뒀을 것 같다.

초등학교 4학년 때의 일이다. 어느 날 우연히 누군가가 준 찹쌀떡을 먹어봤는데 그 맛이 어찌나 좋던지 나는 당장 친구에게 찹쌀떡 장사를 하자고 제안했다. 김병규라는 친구와 함께 각자 돈을 반반씩 내어서 김천 시내에 가서 찹쌀떡을 한 상자 사가지고 왔다. 당시 우리는 자전거를 타고 다녔는데 자전거에 찹쌀떡을 싣고 다니며 팔 요량으로 찹쌀떡을 싸게 떼 온 것이다. 그때 이미 물건을 싸게 떼 와서 비싸게 팔면 이윤이 남는다는 것을 알았고, 우리는 몇 차례나 그렇게 찹쌀떡을 싣고 다니며 장사를 했다. 그렇게 해서 번 돈으로 공책도 사고 당시 유행하던 고급 팽이도 샀다. 집안 형편이 어려워 학용품이며 장난감이며 꿈도 꿀 수 없는 시절이었지만 그렇게 나와 병규는 원하는 것을 스스로 만들며 기쁨을 느꼈었다.

그런데 지금 생각해보면 그 어린 나이에 친구와 재미삼아 장사를 하면서도 나는 원칙만큼은 꼿꼿하게 지켰다. 한 번은 병규가 찹쌀떡이 너무 먹고 싶어서 몰래 집어 먹다가 나한테 들켰는데 그때 병규가 먹은 찹쌀떡 값을 받아냈다. 어렸지만 상거래 질서도 알고 제법 사업가 기질이 있었던 것이 아닐까 싶다.

성인이 된 이후에는 양식당을 운영하고, 해외운송사업을 했었는데 두 사업 모두 매우 잘되어 주변 사람들을 놀라게 했었다. 내가 정치가가 되지 않았다면 분명 사업에 성공한 경영인이 되었을 것이다.

사실 전기안전공사에서 일을 하면서 성과도 좋고 직원들과 신뢰도 쌓이면서 연임에 대한 생각을 하지 않은 것은 아니었다. 아침에 중요한 회의나 외근을 마치고 나면 오후 시간은 올곧이 내 시간이 되어 책 읽을 시간도 나고 저녁이면 일찍 퇴근해서 휴식도 취하면서 가족들과 지내는 시간도 많아졌다. 내가 만약 영원한 정치인이 아니라면 공기업 CEO 자리는 그야말로 좋은 자리였다.

무엇보다 전기안전공사의 직원들은 너무나 순수하고 성실했다. 대부분 전기과 출신이라 그런지 사람들이 선량하고 소박했다. 사업 영역도 점점 확장해갔고, 직원들이 그토록 바라던 자체 사옥은 거의 60퍼센트가량 달성했다. 연임을 해서 자체 사옥을 100퍼센트로 끌어올려 놓고 싶은 마음도 있었다. 하지만 결정적인 순간에 결단을 내리지 않으면 안 된다는 것을 나는 누구보다 잘 알고 있었다. 이는 내가 대학원 강의를 나가서도 늘 학생들에게 하는 말이다.

"지덕체와 인적 네트워크를 갖추어라. 그리고 살아가면서 변화가 감지되는 결정적인 순간에는 결단을 내릴 줄 알아야 한다."

그래서 나는 그동안 정들었던 회사에 과감히 사표를 냈다. 그리고 남자로 태어나 꼭 한 번 해볼 만하다고 믿고 있는 정치의 길을 다시금 뚜벅 뚜벅 걸어가고 있다.

위기를 극복한 1초 경영
– 600억 원의 적자 기업을 1년 만에 흑자 기업으로

처음 한국전기안전공사 CEO 자리를 제의받고 머뭇거렸던 내 행동과는 달리 내 마음은 취임 전부터 벌써 한국전기안전공사를 어떻게 이끌어갈지에 대한 고민으로 가득 차 있었다.

가뜩이나 공기업 CEO들의 낙하산 인사에 대해 세간의 평이 좋지 않아 3년 임기 동안 보란 듯이 열심히 일해서 멋진 성과를 일구고 싶었다.

게다가 한국전기안전공사 내부 직원들은 삼선 국회의원 출신의 CEO가 온다는 소식을 듣고 영향력 있는 사장이 내정되었다며 기대하고 있다는 소식도 들은 터였다.

무엇보다 내 성격상 맡은 일에 혼신을 다하고, 워커홀릭이라

평가받을 정도로 일 그 자체를 좋아하기 때문에 새로운 분야에 대한 호기심도 발동했다. 나는 우선 공기업은 느리고 열심히 일을 하지 않는다는 편견부터 깨야겠다는 생각을 했다. 그래서 몇 날 며칠을 고민을 하다가 혼자서는 도저히 좋은 아이디어가 생각나지 않아 평소 친하게 지내던 경영학 교수들과 경제 신문 기자들에게 밥을 사겠다며 자리를 마련했다. 모두 평소 나와 두터운 친분을 자랑하는 사람들이고 국회의원으로 있을 때 정책 입안에 많은 조언을 해주던 사람들이다.

"알다시피 제가 이번에 한국전기안전공사의 CEO로 갑니다. 그래서 고민이 많습니다. 이왕 맡은 거 열심히 하고 싶은데, 회사를 키울 수 있는 뭔가 혁신적인 아이디어가 필요합니다. 지금 당장 말고 제가 3년 뒤 임기를 마칠 때 잘했다는 소리를 들으려면 어떻게 하면 좋을까요?"

그랬더니 사람들이 이구동성으로 "무슨 일이든 잘 하려면 목표가 있어야 한다. 특별히 생각해둔 목표가 있느냐?"라고 물었다.

나는 이렇게 대답했다.

"전기안전공사는 주로 전기안전을 위한 점검을 하고, 문제가 생겼을 때 빨리 달려가서 고쳐주는 업무를 합니다. 이렇게 중요한 업무를 하는 만큼 직원 전체가 일관된 행동지침을 가지고 업무를 볼 수 있도록 뭔가 경영의 키워드를 만들고 싶은데 뭐 좋은 아이디어 없습니까? 이왕이면 짧은 단어 하나로 많은 메시지를 줄 수 있는 함축적인 용어를 사용했으면 좋겠는데, 그런 키워드가 뭐가 있겠습니까?"

그러면서 참석자들이 좋은 의견을 내는 데 도움이 될 수 있도록 한국전기안전공사의 구체적인 사업 내용을 설명해주었다.

"그러면 전기사고가 났을 때 119처럼 빨리 달려가야겠군요?"

누군가 이런 얘기를 꺼냈고 그때부터 여기저기서 좋은 의견들이 쏟아지기 시작했다.

그러면서 줄곧 나오는 아이디어들이 '속도'에 관한 것이었다. 전기 안전에 관한 업무를 보는 회사이니만큼 그 어떤 회사보다 속도 경영을 중시해야 된다는 것이었다.

그때 누군가 "1분 경영 어떻습니까? 어쨌든 빨리 빨리 일을 처리하는 게 목표인데 1분 안에 달려간다는 의미로, 어떻습니까?"라고 제안했고 그 말을 들은 좌중은 한참을 웃었다. 처음엔 모두 웃으며 "1시간 경영이 더 좋네", "3분 경영이 더 좋네" 하며 농담삼아 이런 저런 이름을 붙였는데 가만히 생각해보니 이게 웃고 넘어갈 것이 아니었다.

이제 공기업도 관행에서 벗어나 진정한 고객만족을 실현하고 경쟁력 있는 회사가 되어야만 살아남을 수 있는 시대가 되었고, 이를 위해서는 정말 1분이 아니라 1초라도 먼저 움직이는 회사가 되어야 했다.

"여러분, '1초 경영'이 어떻습니까? 이왕이면 1분이 아니라 1초 경영으로 합시다. 남들보다 1초라도 빨리 생각하고 1초 빨리 움직이자는 의미입니다."

나의 이 말에 좌중의 분위기가 하나로 모아졌고 다들 고개를 끄덕였다.

지금까지도 한국전기안전공사 경영의 일등공신이라고 말하는 '1초 경영'이라는 캐치프레이즈는 이렇게 해서 탄생이 되었다. 생각할수록 잘 지은 캐치프레이즈라고 생각한다.

위기란 방심한 틈에 몰려와 옷을 적시고 가는 해변가의 파도와 같다. 어떻게 보면 낭만적이지만 일단 신발과 옷이 젖고 나면 낭패가 아닐 수 없다. 위기에 놓인 기업처럼 말이다. 하지만 해변가를 거닐 때 조금만 주의를 하면 밀려오는 파도보다 빨리 뛰어서 물에 젖지 않을 수 있다. 바꿔 말하면 기업이 위기를 감지하는 순간, 또는 위기가 오기 전에 재빠르게 변화와 혁신을 선택하고 실천한다면 위기를 맞지 않을 수도 있다.

모두가 하나가 되어 실현할 목표를 제시하라

이처럼 도태되는 속도보다 빠르게 위기에 대응하는 것은 요즘과 같은 위기의 시대에 개인이든 기업이든 가장 중요한 생존 요소 중의 하나이다. '덩치가 큰 기업이 항상 작은 기업을 이기는 것은 아니지만 빠른 기업은 항상 느린 기업을 이긴다'는 시스코 시스템즈의 CEO 존 챔버스의 말처럼 기업이나 개인이 환경 변화에 빨리 대처하지 못할 경우에는 늘 뒤처져서 경쟁에 밀리게 된다. 즉 기업의 경쟁력은 환경변화에 얼마나 신속히 대응하느냐에 달려 있다.

그래서 요즘 모든 기업에서 이른바 '속도 경영', 즉 의사결정에서 고객에 이르는 과정의 속도를 높이는 데 기업의 사활을 걸고 있는 것이다. 의사결정을 최대한 단축하고 제조공정 시간을 줄이며 남보다 빨리 시장에 신제품을 내놓기 위해 혁신에 혁신을 거듭하고 있다. 서비스업도 마찬가지다. 시장과 고객의 입맛이 어떻게 달라지고 있는지 촉각을 곤두세우고 소비자의 요구가 있기 전에 새로운 서비스를 개발하여 제공함으로써 고객만족을 실현하는 것이다.

이와 같은 기업들의 속도 경영이 얼마나 중요한지는 세계적인 마케팅 전략가 알 리스의 이야기를 통해서도 알 수 있다. 그는 '시간의 법칙'이라는 정의를 통해서 이렇게 말했다.

"모든 세부 사항을 점검, 확인한 다음 시작해야 한다는 생각 때문에 첫 테이프를 끊을 기회를 놓치는 것은 정말 어리석은 일이다. 무한정 시간을 들여 만들어낸 완벽함은 아무 가치가 없기 때문이다."

대신 빠르게 기회를 잡는 기업은 시장에서 늘 다양한 변수가 공격해옴에도 불구하고 고성장을 유지할 수 있다.

변화에 유연하고 빠르게 대처하라

내가 1초 경영이라는 키워드를 선택한 것은 이런 시장의 변화를 충분히 감지했기 때문이었다. 느리기만 한 공기업을 오랫동안 좌시할 국민들은 없다. 또한 공기업이라고 해서 스스로 살아남아야 할 시장논리에서 자유로울 수 없다고 생각했다.

1초 경영이란 급변하는 경영환경과 시장에 대한 대응력을 극대화해 고객이 만족하는 제품이나 서비스를 남보다 1초라도 빨리 제공하는 것을 의미한다.

즉 시간의 역동성을 중심으로 기업을 경영하겠다는 의미의 혁신활동이라고 할 수 있다. 또한 적기에 제품이나 서비스를 공급하여 고객만족을 이끌어내야 하며 필요에 따라 자주 유연하게 대응해야 한다는 내용을 담고 있다.

내부고객인 직원들의 만족도 역시 다르지 않다. 직원들은 절약된 시간을 자기계발 등에 활용함으로써 삶의 질을 향상시킬 수 있다. 또한 불합리한 업무를 제거함으로써 보다 가치 있는 업무 수행의 기회도 가질 수 있다. 이처럼 1초 경영을 통한 내·외부 고객만족은 기업의 성과로 이어졌다.

예를 들어 나는 회의를 할 때 결코 30분을 넘기지 않는다. 회의는 사전에 미리 논의할 내용을 보고서를 통해 공유하고 꼭 필요한 부분만 토의에 부치는 것이 효과적이다. 토의 내용도 길 필요가 없다. 나는 직원들에게 보고서를 한 장 이상 제출하지 못하게 했다. 매주 회의를 진행할 경우, 일주일 동안 자신이 한 업무 보고는 한 장이면 충분하다. 회의를 오래 한다고 해서 더 좋은 내용이 나오는 것도 아니다. 현장에서 열심히 일하고 회의는 짧게 점검만 하는 것이 훨씬 효율적이다. 아마도 내가 이렇게 회의를 짧게 함으로써 절약된 시간만도 엄청날 것이다.

단언하건대 대한민국의 모든 공기업이 한국전기안전공사만큼만 빨리 움직여도 공기업 직원들이 복지부동한다는 말은 안 나오리라 믿는다. 물론 공기업 직원들이 느리게 움직이는 데에는 다 이유가 있다.

요즘 공기업에 입사하려면 스펙이 좋아야 한다. 다들 학벌도 만만치 않고 영어 실력 등 공인 인증 능력들도 대단하다. 그럼에도 불구하고 그런 인재들이 빨리 움직이지 않는 것은 사기업에 비해 유연하지 않은 인센티브 제도, 승진 제도 등 여러 가지 문제 때문이라도 생각한다. 이는 앞으로 정부가 나서서 해결해주어야 할 과제가 아닐까 싶다.

어쨌든 확실한 것은 한국전기안전공사 600억 원 적자 기업에서 150억 원 흑자 기업으로 거듭난 밑바탕에는 1초 경영이라는 든든한 원칙이 있었다는 사실이다. 이런 원칙이 중요한 까닭은 모두 하나의 목표를 향해갈 수 있도록 해주기 때문이다. 하나로 마음을 모으고, 모두 한 마음으로 구현하고자 하는 목표가 있을 때에 진정한 의미의 변화와 혁신을 이룰 수 있는 법이다. 그런 의미에서 1초 경영이라는 상징적 목표는 한국전기안전공사 직원들의 마음에 잠들어 있던 불씨를 틔워준 중요한 도화선이 되었다고 믿는다.

현재에 만족하지 않고
더 나은 방식을 찾아라

'1초 경영'이라는 키워드를 가지고 한국전기안전공사의 CEO 자리에 오른 나는 어떻게 하면 1초 경영의 본 취지에 맞는 경영을 펼칠 수 있을지 고심했다. 우선 적자에 허덕이는 회사를 흑자로 돌려놓는 사업도 해야 했고, 그러기 위해서는 지금까지의 관성에 젖어 느리게 움직이는 직원들을 빠르게 움직이도록 만들어야 했고, 해야 할 일이 한두 가지가 아니었다.

그래서 일단 '1초 경영 추진위원회'를 만들었다. 일단 1초 경영이라는 말 자체가 명사보다는 동사의 느낌이 강했기 때문에 우리 직원들이 1초 경영이라는 말만 나와도 빠릿빠릿하게 움직일 수 있도록 제도적인 장치를 마련해야 되겠다고 생각한 것이다.

우선 일 잘하고 합리적인 조직을 만들려면 조직의 리더가 중
요하기 때문에 인사개혁을 단행했다. 학연, 지연, 나이 등 모든
객관적인 조건들을 배제하고 오로지 열정을 가지고 일을 잘할
수 있는 숨은 인재들을 전면에 포진시켰다. 이미 밝힌 대로 가장
중요하게 여긴 것은 비서실장, 인사실장, 그리고 홍보실장이었
다. 이들을 포석으로 골격을 갖춘 후에 1초 경영 추진위원회에
서 선정한 중점 과제 24개를 우선적으로 실행에 옮겼다.

지금까지 전기안전공사가 600억 원 적자에 시달리게 된 데는
수많은 이유가 있었다. 그중 하나가 앞서 소개한 것처럼 경영이
효율적으로 되고 있지 않은 것이었고, 이를 해결하기 위해 인원
감축 및 기구 축소라는 두 가지 방안으로 회사의 몸집을 줄였다.
실제 회사가 적자에 허덕이게 된 주요 원인이 직원들의 퇴직금
문제였기에 이 부분은 구조조정을 통해 많은 부분 해결을 했다.
그 외 전기 안전 관리 대행 사업을 민간에 이양하는 등 아웃소싱
할 수 있는 업무는 대부분 아웃소싱하며 사업과 인원을 줄여나
갔다.

다이어트로 치자면 우선 유산소 운동을 해서 지방을 뺀 다음
근육을 만드는 것에 비유를 할 수 있는데, 그 다음으로 남은 일은
근육을 만드는 일, 즉 앞으로 회사가 먹고살 길을 찾는 것이었다.
고안해낸 방법은 두 가지였다.

우선 국내 대기업을 중심으로 가능한 많은 기업들과 전기 안

전협약(MOU)을 체결했다. 지금까지 국내 대기업들은 1년에 한 번씩 전기 안전 점검을 의무적으로 받아야 했다.

전기 안전 점검을 받는 기업은 그에 대한 비용을 전기안전공사에 지불해야 되는데 전기안전공사의 수익 대부분은 이를 통해 충당되었다. 나는 전기안전공사가 현재 하고 있는 안전 점검만으로는 매출을 올리기에 턱없이 부족하다고 생각했다. 그래서 현재 전기안전공사와 협약을 체결하고 있지 않은 기업들을 샅샅이 찾아내서 더 많은 기업들과 전기안전협약을 체결해야겠다고 마음먹었다. 또한 지금까지 1년에 한 번만 전기안전점검을 해주던 것을 매달 한 번 하는 것으로 바꾸고 대신 비용을 12배가 아니라 2배만 받는 형식으로 기업들과 협약을 맺었다.

기업에 입장에서도 우리의 제안은 충분히 매력적이었다. 예를 들어 에버랜드 같은 큰 기업에서 전기 사고가 나면 대형 사고가 되고 손실도 클 수밖에 없다. 따라서 사고를 사전에 방지하려면 전기 안전 점검을 자주 받는 것이 좋은데 너무 자주 점검을 받으면 돈이 많이 드니까 많은 기업들이 법적으로 지정된 횟수만큼만 점검을 받는 것이 대부분이었다. 그런데 이를 파격적인 조건으로 해결해주니 좋아한 것이다.

나는 수많은 기업들을 찾아다니며 매달 전기 안전 점검을 해주는 대신 검사비용을 6분의 1로 줄여서 받겠다고 제안했다. 기업들의 반응이 좋았음은 물론이다. 그렇게 해서 매달 수많은 기업들과 전기 안전 진단 협약을 체결해나갔다. 거의 모든 대기업들과 중소기업 중에서도 많은 기업들이 참가를 했다. 이렇게 기업들로부터 좋은 반응을 얻을 수 있었던 데에는 우선 전기 안전의 중요성이 크게 작용했지만 12년 동안 국회의원으로 일하면서 쌓아둔 나의 인맥도 큰 영향력을 발휘했다. 12년 동안 국회의원으로 있다 보면 웬만한 기업의 사장들과 친분을 쌓게 된다. 그러니 내가 나서면 일이 일사천리로 진행되고, 우리 직원들은 가서 담당자들의 사인만 받아오면 되었다. 쉽게 말해 영업력 있는 CEO가 부임하면서 회사가 성장한 셈이다.

이렇게 내가 취임 후 첫 해에 회사가 벌어들인 수입은 400억 원이었다. 400억 원이라는 수입은 가히 어마어마한 것이다. 이미 구조조정과 자가사옥 조성을 통해서 엄청난 수익효과를 본 우리 회사는 거의 축제 분위기였다. 직원들의 사기도 높아지고, 의욕도 더 강해졌다.

잘될 때일수록 위기를 준비하고, 새로운 길을 모색하라

모든 것이 순탄하게 진행되었지만 이대로 만족하고 싶지 않았다. 경영 효율화 및 국내 기업들과의 협약을 통해서 이미 흑자로 돌아선 시점에서 나는 또 한 가지 계획을 세웠다. 지금 당장은 우리 회사가 이 정도의 기반으로도 충분히 수익을 창출할 수 있지만 먼 미래에는 이것만으로도 부족할 것이라는 위기의식을 느꼈기 때문이다.

나는 늘 우리나라가 인구가 적고 자원도 부족해서 앞으로 국내 사업만으로는 선진국의 대열에 합류하기가 어려울 거라는 점을 내다보고 있었다. 그래서 해답은 해외수출로 눈을 돌리는 것이라 결론 내리고 과연 우리나라가 가지고 있는 핵심기술이 무엇인지 늘 고민했다.

예전에는 신발도 수출하고 섬유도 수출했었지만 이제 더 이상 공장에서 생산되는 공산품들로는 세계 시장에서 경쟁이 될 수 없었다. 대신 정보통신 기술이나 나노 기술, 바이오 기술 등이 대세인데 과연 우리 회사가 가진 기술 중에서 세계 시장에 내놓을 만한 기술은 무엇인지 곰곰이 생각해보았다.

우리가 가진 가장 큰 장점은 바로 전기 안전 기술이었다. 현재 전 세계에서 전기 안전 기술이 가장 앞서 있는 나라는 미국과 일본, 독일, 그리고 우리나라이다. 이들 선진국 국가에는 전기 안전 기술을 수출할 수 없겠지만 그 외 많은 국가들의 경우 충분히 승산이 있다는 생각이 들었다.

더구나 우리나라는 건설 기술이 좋아서 현대나 삼성 등 많은 대기업들이 해외 사업을 하고 있기 때문에 이들 대기업과 협약을 체결하면 좋은 성과가 있을 것 같았다.

어차피 어떤 건물이든 신축을 하고 나면 전기 안전 검사를 받아야 한다. 우리 대기업 건설사들이 해외에 나가서 건물을 지으면 이후 전기 안전 검사는 그 나라 기업에서 하는데 이왕이면 기술력이 좋은 우리가 가서 그 일을 해주면 어떻겠냐 하는 생각이 들었다.

나는 당장 건설 대기업들과 접촉했다. 생각보다 반응이 더 좋았다. 그들 역시 손해 볼 것이 없는 사업이었다. 이왕이면 언어가 통하고 기술도 좋은 우리나라 사람들이 가서 전기 안전 점검을 해주면 안전성도 높아지고 기한도 빨라지고 나쁠 것이 하나도 없었던 것이다.

우리 직원들 역시 이 사업을 무척 반겼다. 실적면에서도 그렇지만 직원 사기에도 많은 도움이 되었는데 그동안은 해외업무가 거의 없던 직원들에게 해외에 나가 더 많은 견문을 쌓을 수 있는 기회가 주어지니 무척이나 좋아했다. 해외 체류시에도 건설 대기업 직원들과 함께 숙식을 해결하면 되니 비용도 절약되어서 일석이조였다.

이렇게 해서 우리가 해외 사업으로 벌어들인 돈이 한 해 동안 순수익만 30억 원 정도가 된다. 수익뿐 아니라 앞으로를 생각하면 유망사업인데다 우리나라의 기술력을 세계에 알릴 수 있다는 점에서도 의의가 큰 일이다. 그리고 그 파급효과 역시 매우 클 것이라 기대한다. 예컨대 앞으로 우리나라가 원자력 발전 기술을 수출하게 될 때가 오게 될 것이다. 그때 이미 우리의 전기 안전 진단 기술을 체험한 국가들에선 우리나라에 대한 좋은 이미지가 있어 수출 통로가 쉽게 열릴 것이다.

무엇보다 앞으로 국내 인구가 줄어들면서 국내 건축 비율도 줄어들 것이고 그렇게 되면 전기안전공사의 입지는 줄어들 수밖에 없다. 하지만 이렇게 신성장동력을 개발해가며 스스로 자구책을 구하면 경쟁력 있는 회사로 살아남을 수가 있다.

앞으로 세계 경제는 더욱더 힘들어질 것이다. 사람이 하는 일을 기계가 대신하고 소득의 양극화가 진행되면서 정보지식 산업 분야에 종사하는 사람들 이외에는 살기가 어려워지고 있다. 발상의 전환 없이는 누구라도 살아남기 힘든 시대다. 그런 점에서 전기 안전 진단을 국내외로 확대한 발상의 전환은 좋은 아이디어라는 생각이 든다.

믿어주고 맡겨줘야
변화하고 성장한다
– 공기업 CEO로서 느낀 공기업 정책의 문제점

전기 안전 기술 교육과 전기 안전 진단 사업의 해외 수출이 많아지면서 해외사업지원단 쪽의 인력이 많이 모자랐다. 그래서 할 수 없이 국내 사업 부서의 사람들 중 실력이 뛰어난 사람들을 차출해서 해외로 보내고 나니 국내 안전 진단 인력이 부족했다. 그래서 자초지종을 설명하고 기획재정부에 인원을 10명 정도 늘여달라고 건의를 했는데 겨우 2명밖에 늘여주지 못한다는 답변이 돌아왔다.

나는 속으로 생각했다.

'아니, 이미 600억 원 적자 기업을 150억 원 흑자 기업으로 만들어놓았고, 더 열심히 해서 더 많은 흑자를 내기 위해 인원을

더 늘여달라고 하는데, 왜 2명밖에 늘여주지 않는 거지?'

도저히 이해할 수 없었다. 직원 급여가 얼마나 된다고 그러는 것인지. 인원만 확충하면 직원들의 급여 몇 백 배에 해당하는 수익을 창출할 수 있는데, 왜 그렇게 경직되게 행정을 하는 것인지 알 수가 없었다.

공기업 정책의 문제점은 바로 이런 것이다. 사기업의 경우 경영을 하면서 잘되는 쪽은 계속 투자를 하며 이윤을 극대화해나간다. 하지만 공기업은 그런 것이 없다. 그저 늘 하던 대로 하기만을 바랄 뿐이고 더 잘한다고 해서 특별히 칭찬을 해주는 것도 없고 인센티브도 없으니 누가 열심히 일할 마음이 나겠는가.

나는 미안한 표정으로 직원들에게 말했다.

"미안하네. 정부에서 인원을 늘여주지 않겠다는데 어쩌겠나. 한 명이 서너 명분의 일을 하는 수밖에 없지 않겠나."

정부에서 이처럼 협조와 지원을 해주지 않을 때면 괜히 직원들에게 미안한 생각이 들었다.

'일 할 의욕도 주지 않으면서 열심히 일을 하라고 하다니. 그런 마당에 사장이랍시고 온 사람이 1초 경영을 주장하며 빨리빨리 움직이라고 하니 직원들도 참 고달프겠구나.'

내가 새로운 것을 제안하면 거의 모든 직원들이 몸을 사리며 웬만하면 예전에 하던 대로 하기를 바랐다.

처음에는 '아니, 공기업 직원들 복지부동이라더니 정말이

네?’ 싶었는데 나중에 알고 보니 다 이유가 있었다.

공기업의 승진이 일반 회사와는 달리 매우 느리고 제한되어 있기 때문에 직원들 모두가 웬만하면 조용히 지내다가 때가 되면 승진을 하고 싶어 했다. 괜히 새로운 일을 시작했다가 일이 잘못되기라도 해서 인사에 피해를 입을까 봐 몸을 사리는 것이었다. 때문에 조직이 상당히 경직되어 있었고 뭘 하라고 지시를 하면 일주일이고 열흘이고 반응이 없었다. 하도 답답해서 담당자를 불러 자초지종을 물어보면 “관례가 없어서 못 하고 있다”는 말만 되돌아오곤 했다.

공기업에서 관례는 곧 법이고 관례를 깨는 것은 곧 위기 상황을 뜻하는 것이었다.

잘하는 사람일수록 더 많은 권한을 주어야 한다

나는 어떻게 해야 직원들이 의욕적으로 일을 할 수 있을지를 고민했다. 하지만 아무리 생각해봐도 공기업의 정책이 변하지 않는 한 그런 변화는 기대하기 어렵다는 결론을 얻었다. 그렇다면 우리나라의 공기업 정책은 어떻게 바뀌어야 할까?

첫째, 공기업 CEO들에게 어느 정도 재량권을 주어야 한다. 현재 공기업 CEO가 가지고 있는 것은 인사권뿐이다. 인사권의 범위도 매우 좁은데, 일단 직원을 늘릴 수 있는 권한은 아예 없다. 예를 들어 누군가 퇴직을 해야 신입사원 한 명을 더 뽑을 수 있는 시스템이다.

그 외에도 일 년에 열두 달을 거르지 않고 일을 잘하고 있는지 감사를 하러 온다. 그 누구도 이렇게 많은 감시 속에서 살지는 않을 것 같다는 느낌이 들 정도로 감사가 많아서 한 번은 "그 참, 알아서 잘 하고 있는데 왜 그렇게 자주 나오십니까?" 라고 물은 적이 있을 정도이다. 그런데 돌아온 대답이 더 참담했다.

"예, 전기안전공사야 잘하고 있지요. 제일 잘하고 있습니다. 그래도 제도와 관례가 그런 걸 어떡합니까?"

감사를 나와도 걸릴 것도 없고, 오히려 매번 와서 잘하고 있다는 말만 하는 그런 감사를 왜 하는 것인지 나는 이해가 되지 않았다. 그나마 알아서 잘 하고 있는 전기안전공사의 경우야 문제가 되지 않지만 다른 많은 공기업들은 얼마나 힘들고 귀찮을까 싶었다.

CEO로 발령을 냈으면 믿고 전적으로 재량권을 줘야 하는데 늘 시키는 대로 잘 하고 있는지 감시만 하고 있으니 우스갯소리로 '바지 사장도 이런 바지 사장이 없다'는 생각이 절로 들었다.

둘째, 적어도 흑자를 내는 공기업에 대해서는 어느 정도 인센티브를 줄 수 있어야 한다. CEO라면 최소한 직원들 성과급 정도는 줄 수 있는 재량이 있어야 하는데 이와 관련해서 어떠한 권한도 가지고 있지 않다. 당근을 많이 가지고 있는 조련사가 말을 잘 길들이듯 CEO에게도 직원들의 사기를 충전시킬 수 있는 뭔가를 쥐어주어야 하는데 그런 제도나 시스템이 전혀 없다. 내가 취임을 하고 두 번째 해에는 250억 원 흑자를 냈는데, 순이익으로 따지면 160억 원이나 된다. 그런데도 불구하고 그 수익 중에 내 마음대로 쓸 수 있는 돈은 단 한 푼도 없었다. 나는 우리나라가 국민소득 4만 달러 시대로 가려면 제일 먼저 공기업과 공무원이 바뀌어야 한다고 생각한다. 공기업과 공무원이 일을 잘해서 좋은 성과를 내면 인센티브도 많이 주고 더 잘할 수 있도록 지원금도 많이 줘야 하는데 이건 어떻게 된 일인지 돈을 잘 버는 공기업이 있으면 돈을 잘 번다고 예산을 줄이는 기막힌 현실이니 어떻게 나라가 발전을 할 수 있겠는가.

내가 한국전기안전공사에 취임을 한 후 첫 해에 흑자를 내자 공기업 예산 편성을 담당하는 부서에서 하는 말이 "한국전기안전공사는 돈을 잘 버니까 매년 지원 예산을 줄여도 되겠네"라고 하는 것이었다.

돈을 잘 번다고 예산을 줄이면 어떤 공기업이 열심히 일을 하겠는가? 돈을 잘 버는 공기업은 예산을 줄이고, 앉아서 놀다가 적자를 면치 못하는 기업에는 예산을 올려주면 어느 공기업 CEO가 최선을 다하겠는가?

솔직히 수많은 공기업들이 매년 적자가 누적되고 있고, 정부에서는 국민 세금을 이 적자를 메우는 데 쓰고 있는 현실에 대해 어떻게 설명할 것인가?

지금까지 내가 흑자 경영을 하면서 관련 부처로부터 잘했다는 칭찬 한 마디를 제대로 들어보지 못한 것 같다. 그도 그럴 것이 공기업을 관리하는 부서의 담당관들은 때가 되면 이동을 한다. 그러니 자기가 관리하는 공기업이 잘되든, 말든 크게 상관할 바가 아닌 것이다. 이런 구조적인 문제들이 해결되지 않는 한 우리나라가 선진국이 되는 길은 요원할 뿐이다.

셋째, 현재 실시하고 있는 공기업의 연봉제는 바뀌어야 한다. 연봉제라는 것이 열심히 일 하라고 있는 제도인데 우리나라 공기업의 연봉제는 남의 살을 깎아서 제 살에 갖다 붙이는 격이라 기업의 분위기가 흐려진다.

예를 들어 A라는 사람이 일을 잘해서 10만 원의 연봉을 더 받으면 대신 B라는 일 못하는 사람의 연봉이 삭감이 된다. 이런 식이니 동료 간에 불화가 생기고, 연봉이 올라가도 동료들의 눈치를 봐야 하는 괴이한 현상이 벌어진다.

나는 이 세 가지를 고치지 않으면 우리나라 공기업의 발전은 없다고 생각한다. 우리나라 공기업이 경쟁력을 갖추기 위해서는 반드시 이 세 가지가 고쳐져야 한다.

사람이든 조직이든 믿고 맡겨줘야 성장하는 법이다. 나는 전기안전공사에 들어와서 직원들에게 잔소리 한 번 한 적이 없다. 그저 "잘한다, 잘한다"고 말하며 기를 살려주었다. 대신 평가는 냉정해야 하기에 평소 업무 태도나 성과를 그대로 인사 고과에 반영했다.

누구라도 권한을 주면 그만큼 책임을 느끼게 마련이다. 책임감을 가지고 스스로 열심히 일할 수 있도록 권한을 주는 공기업 선진화 정책이 하루 빨리 실현되기 바란다.

새로운 길을
개척하는 자세로 살라
– 세계 최초 무정전 검사 도입

전기 안전 점검 사업 중에서 가장 큰 수익을 가져다 주는 것은 포항제철이나 삼성전자 처럼 큰 공장의 전기 시설 안전 점검을 해주는 일이다. 그런데 문제는 포항제철이나 현대자동차, 삼성전자 같은 곳은 공장이 한 번 멈추면 상상을 초월하는 손해가 발생하기 때문에 전기를 끄지 않으려고 한다는 점이다. 다시 말해 그런 업체는 전기 안전 점검 하는 것을 썩 좋아하지 않았다.

사실 이들 회사의 공장 가동이 멈추면 국가적으로도 엄청난 경제적 손실을 입게 된다. 그래서 보통 전압이 3만 볼트 이상 되는 큰 공장은 1년에 한 번이 아니라 3년에 한 번씩 전기 안전 점검을 받도록 되어 있는데 실상은 이 조차도 받고 싶어 하지 않는 것이 현실이다.

가정집도 한두 시간 정전이 된다고 하면 난리가 나는데 그렇게 큰 공장이 멈춘다고 생각하면 어떤 반발이 있을지 예상될 것이다.

나는 이 문제를 두고 깊은 고민에 빠졌다. 어쨌거나 그런 큰 기업들은 우리의 고객인데 고객의 마음을 상하게 하지 않고 또한 국가적으로도 경제적인 손실을 보게 하지 않으려면 어떻게 해야 되는가. 그러다가 떠오른 생각이 '전기를 끄지 않고 무정전 상태에서 전기 안전 점검을 받을 수는 없는가?' 하는 것이었다.

나는 당장 전기안전공사의 연구원장을 불러서 이 문제에 대한 검토를 지시했다.

전기안전공사 내에는 전기안전교육원과 전기안전연구원이 있는데 이들 연구기관에는 우리나라 전기 안전 기술에 관한한 최고 전문가들이 모여 있다.

나의 지시에 전기안전연구원장은 적극적으로 검토를 해보겠다며 돌아갔다. 당시 무정전검사에 대한 연구는 세계적으로 진행은 되고 있었지만 무정전검사에 성공해서 시행하고 있는 곳은 단 한 나라도 없었다.

누구도 간 적 없는 길이라도
용기를 내어 가야 한다

그렇다면 우리가 해내면 되지 않은가? 나는 무정전검사는 전기안전공사의 이름을 걸고 한번 도전해볼 만한 사업이라는 생각에 이르렀다. 생각을 했으면 곧바로 실행에 옮겨야 한다.

나는 직원들에게 전기안전연구원에서 제대로 연구를 할 수 있도록 모든 지원을 아끼지 말라고 당부했다. 그 결과 세계 최초로 우리나라에서 무정전검사를 도입하는 쾌거를 이루었다.

기술적으로 정말 어렵고 힘든 사업이었는데 실험 결과는 거의 완벽하다고 했다. 그리고 지난 2011년 3월 2일, 처음으로 무정전 상태에서 전기안전점검이 실시되었다. 국가적으로도, 전기안전공사로서도, 그리고 나 자신에게도 역사적인 순간이 아닐 수 없었다.

무정전검사는 현재까지도 아무 문제없이 잘 시행되고 있다. 무정전 검사 기술 도입으로 인하여 현재 내다보고 있는 경제적 가치는 첫 해 5천 5백억 원, 그리고 다음 해 6천 2백억 원 정도이다. 즉 포항제철이나 삼성전자 같은 회사에서 정전을 한 채 전기안전검사를 할 경우 앉아서 날려버려야 할 돈이 그 정도라는 것이다.

나는 이렇게 대단한 일을 해낸 우리 연구원들이 너무도 자랑스러웠다. 당시 가장 고생한 사람이 임용대 연구원, 김이원 검사팀장, 이대훈 기술이사 등이다. 이 세 사람이 주축이 되어 연구를 했는데 무척 많은 고생을 했다.

검사를 한 가지 할 때마다 지경부에 올라가서 허가를 받아야 했고 다시 또 보고를 해야 하는 등 기술적인 문제뿐 아니라 절차상 문제에 있어서도 어려움이 많았다. 그런데도 사장인 나는 "왜 결과가 안 나오느냐? 빨리 해봐라, 빨리 해봐라" 하며 다그쳤으니 마음 고생도 참 많았을 것이다.

우리 연구원들이 가장 힘들어했던 부분은 무정전 검사에 대한 외국의 선례가 없다는 점이었다. 그야말로 미개척 분야를 최초로 개척하는 것이었으니 그 어려움이 얼마나 컸을까. 결과적으로 일이 잘되어서 얼마나 다행인지 모르겠다. 무정전검사가 우리나라 경제에 이바지하는 바를 생각하면 그들을 애국자로 명명해도 손색이 없을 것 같다.

우리나라에서 진행되는 무정전 전기안점점검은 세계 전기안전 기술 전문가들이 모두 주목하는 가운데 6월 세계전기안전세미나의 발표를 했다. 앞으로 한국전기안전공사의 무정전검사는 세계로 수출하는 또 다른 신성장동력이 될 것이다.

나 개인적으로는 임기 중에 무정전검사 기술 개발 성공이라는 영광을 안게 되어 무척 의미가 깊고 뿌듯하다.

재미가 있으면
일도 더 즐거워진다

전기안전공사에 부임을 하고 나서 내가 느낀 것은 전체적으로 조직이 활기가 없고 경직되어 있다는 것이었다.

공기업이라고 하면 남들이 보기에는 신이 내린 직장이라고 말할 정도로 부러워하는 직장이지만 와서 보니 사람들이 생각하는 것처럼 그렇게 연봉이 많은 것도 아니고 승진의 기회도 적어 전체적으로 의기소침한 분위기였다.

그래서 어떻게 하면 직원들의 의욕을 고취시켜줄 수 있을까를 고민하다가 몇 가지 방안을 마련했다.

우선 매달 문화강좌를 열어서 직원들이 새로운 문화에 관심을 가지고 새로운 경험을 할 수 있도록 기회를 주기로 했다. 매달 좋은 강사를 선정해서 직원들에게 좋은 내용을 들려주면 회사의 분위기도 좀 달라지지 않을까 하는 생각이었다.

전기안전공사의 경우 대부분 공대 출신들이라 기술에 관해서는 전문가지만 다양한 문화를 접할 기회는 없다고 판단했기 때문에 영화감독이나 운동선수 등 평소 접하기 어려운 사람들을 강사로 초빙했다. 그런데 의외로 반응이 좋았다. 평소에는 직원들 간에 대화가 적었는데 적어도 문화강좌가 열리면 그 후 열흘 정도는 문화강좌에 대한 이야기를 하느라고 화기애애한 분위기가 만들어졌다.

문화강좌를 들을 수 있는 대상은 본사 전 직원과 전국 60개 본부와 지사의 간부로 한정했다.

지금까지 가장 인기가 많았던 강사는 권투선수 홍수환 씨였다. 7전 8기로 유명한 홍수환 씨의 강의에 많은 자극을 받는 것 같았고, 그 외 대부분의 강좌도 좋은 반응들을 보였다.

또한 우리 직원들이 공기업에 몸담고 있는 만큼 현 정부의 정책 방향에 대해서도 관심을 갖고 있는 것이 좋을 것 같아 청와대 관계자 등 정재계의 다양한 인사들도 자주 초빙했다. 예전에는 없던 직급별 워크숍도 만들었다. 즉 6급은 6급 끼리, 5급은 5급 끼리, 같은 직급별로 자리를 만들어 서로 허심탄회하게 대화를 나눌 수 있는 기회를 만들었다. 1박 2일로 자리를 만들어 유명 강사도 초빙하고 재미있는 파티도 열고 했더니 반응이 무척 좋았다.

진심으로 소통하면
이루지 못할 것이 없다

그 외에 내가 직원들의 사기를 높여주기 위해 마련한 것은 심통(心通)데이다.

심통데이는 말 그대로 '마음이 통하는 날'이라는 뜻이다. 4급 이하의 하부 직원들을 대상으로 CEO와 직원 간의 소통을 위해 만들어진 행사인데 매달 심통데이에 참석한 직원들은 업무상의 애로사항에 대한 개선 요청이나 평소 하고 싶었던 이야기 등을 허심탄회하게 건의할 수 있다.

나는 평소 직장 소통을 중시하기 때문에 매주 목요일에는 임원들과 미팅을 갖고 직원들과도 자주 티타임을 가졌다.

애플의 스티브 잡스가 최고의 경영자가 될 수 있었던 것이 세상과 나누었던 소통인 만큼 나 역시 직원들과의 소통을 통해서 최고경영자가 아니라 최고의 경청자가 되기 위해 참 많은 노력을 했다.

그리고 항상 우리 직원들이 열심히 일을 하는 것에 비해 제대로 된 보상을 받지 못하고 있다고 생각했기 때문에 직원들에게 급여 이외의 다른 형식으로라도 많이 베풀려고 노력했다.

회사 명의의 콘도 회원권을 구입해 휴가철이면 직원들이 저렴한 가격으로 가족들과 함께 콘도를 이용해서 편안한 휴가를 보낼 수 있도록 하였고, 뮤지컬 등 공연 티켓을 구입해서 직원들에게 제공했다.

비록 사장 권한으로 직원들의 월급을 올려줄 수는 없지만 직원 복지 예산은 최대한 많이 확보하려고 애썼다.

더운 여름 날 고생하는 직원들을 위해 에어컨을 설치해주거나 사무실 집기들을 새 것으로 바꾸어주는 것도 직원들의 사기를 높여주기 위한 것이었다. 사실 이전의 CEO들은 나처럼 자유롭게 복지 예산을 쓰지 못했다. 그도 그럴 것이 회사가 600억 원 적자를 안고 있는데 어떻게 10원 한 푼을 마음대로 쓸 수 있었겠는가.

하지만 나는 그런 부분에서 당당했다. 나와 직원들이 힘을 합쳐서 몇 백 억 원의 수익을 냈으니 여기에 헌신한 직원들을 위해 일정정도의 수익을 돌려주는 것이 너무 당연하다고 생각했다.

100억 원 벌던 것을 200억 원 벌었으면 그중에 10억 원 정도는 써도 되는 것이 아닌가? 그래야 일할 맛도 나고 더 열심히 일하는 것이 사람의 마음인데 공기업에는 그런 융통성이 없었다.

아마도 내가 직원들에게 늘 잘해주고 싶고 늘 잘한다, 잘한다 격려해준 것도 이런 마음 때문이었을 것이다.

그 덕분에 직원들로부터의 인기는 괜찮은 편이었다. 직원들과 자주 대화를 나누기 위해 일주일에 두세 번은 꼭 직원들과 함께 점심이나 저녁을 먹곤 했는데 그럴 때마다 직원들은 "사장님, 사장님 인기 짱입니다"라며 나를 추켜세워주었다.

참으로 순수하고 맑았던 한국전기안전공사의 3천 명 직원들을 생각하면 지금도 눈물이 날 것 같다. 사장과 직원의 관계를 떠나서 인간적으로도 참 마음이 잘 통했던 우리 전기공사의 직원들이 앞으로도 건강하고 행복한 인생을 살기 바란다.

지은이 _ 임인배

경북 김천 출생, 김천중학교, 김천고등학교를 거쳐 영남대학교 법학과를 졸업했다. 연세대학교 행정대학원, 동국대학교 대학원에서 수학하며 행정학 박사학위를 취득했다.

15대, 16대, 17대 국회의원. 한나라당 원내수석부대표, 국회 건설교통위원회 간사, 한나라당 경북도당위원장, 국회 과학기술정보통신위원장 등을 역임했다. 한국전기안전공사 사장을 역임했으며, 연세대학교 행정대학원 총동창회장, 대한사이클연맹 회장 등을 지냈다.

현재 연세대학교 및 영남대학교 겸임교수, 사단법인 한민족통일포럼 이사장, 재경 김천 향우회 회장을 맡고 있다.

저서로 『조국을 남기고 님은 가셨습니다』, 『꿈을 파는 국회의원』, 『위기 때는 1초 경영을 펼쳐라』 등이 있다

희망을 향한 도전

1판 1쇄 인쇄 2011년 9월 15일
1판 1쇄 발행 2011년 9월 20일

지은이 임인배
펴낸이 고영수
펴낸곳 청림출판
등록 제406-2006-00060호
주소 135-816 서울시 강남구 도산대로 남25길 11번지(논현동 63번지)
　　　413-756 경기도 파주시 교하읍 문발리 파주출판도시 518-6 청림아트스페이스
전화 02)546-4341 **팩스** 02)546-8053

www.chungrim.com
cr1@chungrim.com

ISBN 978-89-352-0889-0 03320